品牌的战争

分分钟揭秘品牌营销制胜之道

赵崇甫 / 著

当代世界出版社

图书在版编目（ＣＩＰ）数据

品牌的战争：分分钟揭秘品牌营销制胜之道 / 赵崇甫著．

北京 ：当代世界出版社，2016.2

ISBN 978-7-5090-1066-2

Ⅰ．①品… Ⅱ．①赵… Ⅲ．①品牌营销 Ⅳ．①F713.50

中国版本图书馆 CIP 数据核字（2015）第 317758 号

书　　名：品牌的战争：分分钟揭秘品牌营销制胜之道
出版发行：当代世界出版社
地　　址：北京市复兴路 4 号（100860）
网　　址：http://www.worldpress.org.cn
编务电话：（010）83908456
发行电话：（010）83908409
　　　　　（010）83908377
　　　　　（010）83908455
　　　　　（010）83908423（邮购）
　　　　　（010）83908410（传真）
经　　销：全国新华书店
印　　刷：北京画中画印刷有限公司
开　　本：710 毫米×1000 毫米　1/16
印　　张：15
字　　数：120 千字
版　　次：2016 年 4 月第 1 版
印　　次：2016 年 4 月第 1 次
书　　号：ISBN 978-7-5090-1066-2
定　　价：32.80 元

众筹与释迦牟尼

这是一个商业模式和商业生态巨变的时代，各种新名词层出不穷。比如，前两年流行的"自媒体"，因为博客、微博和微信的便捷，人人都拥有发表意见的阵地，人人都可以成为自媒体。以罗振宇的"逻辑思维"为代表，拥有众多铁杆粉丝。但自媒体并非新鲜事物，自古有之，孔子周游列国四方游说，向各路诸侯国推销自己的治国理念，就是典型的自媒体。

自媒体概念之后，紧接着又来了一个众筹概念，众筹与自媒体相比，其被追捧的热度更高，各种形式的众筹案例比比皆是。

2008 年奥巴马竞选美国总统，他所属的民主党向来不受大企业喜欢，筹款能力不如对手共和党。但奥巴马生在一个好时代，大批草根选民可以在社交媒体上参与筹款活动，积极支持奥巴马参选。得益于社交媒体聚沙成塔的能力，奥巴马团队筹集到 7.45 亿美元，是麦凯恩团队的两倍，成功入主白宫。

乐视网也曾发起一个众筹 C 罗代言的项目，让粉丝花钱来决定在世界杯期间，是否签约 C 罗作为代言人，这开创了明星代言的新方式。原来明星代言只是商家与明星之间的事，而现在将商家、明星和用户完整链接在一起，意义非凡。

以上是近年来众筹的知名案例，影响广泛。众筹这一概念在各大论坛和各个微信圈里频频露脸，新潮时髦之极，大有不玩众筹就会落伍，很让人担心被时代抛弃。其实，众筹也并非新鲜事物，它也不是来源于美国网站 kickstarter，它更早的践行者是佛祖释迦牟尼。出生于古印度迦毗罗卫国的王子，用众筹的方式获得修行供养，而两千多年来全世界大大小小数不清的寺庙无一不是靠众筹完成建设的。

四川话中有三个使用频率很高的词汇："斗钱"、"打平伙" 和 "打伙"，就是大家一起凑钱做一件事的意思。一群朋友通过 AA 制方式"斗钱"去下馆子，就说大家一起去"打平伙"；大家一起凑钱去做个小生意，也叫做"斗钱"一起"打伙"做。

小时候，经常会有走四方的说书人或戏班子来村里，这时就会有人来承头，说：是不是大家一起凑份子钱，请他们说一段评书或唱一出戏，如果有一部分人出钱这事就成了。小时候，因为穷，买不起小人书，也会和小伙伴"打伙"，每人出份子钱买下一起看。其实，这些和当下的众筹的道理是一回事。

说了自媒体和众筹，我想表达的是，一方面我们应该紧跟时代，对时代的变化保持敏感；另一方面，也不要被新鲜事物迷住双眼，说到最根本处，古自至今，商业的规律没有发生过根本性变化，商业的本质也没有真正改变过，创新的往往都是形式，或者也不是形式而只是概念。我们需要警惕的是互联网概念被过度热炒，很多宏伟的商业故事只是一个对于美好未来的畅想，最终能落地生根、开花结果的只是极少数。相反，陷入集体性焦虑的传统企业，也不会被彻底终止，它们中的大部分的生命其实比很多互联网企业要长久得多。

对于没有找到所谓的"风口"、没有搞明白新概念、没摸清新方向的广大中小企业来说，看不清未来就做好现在，关注当下，专注于自己的主业和产品，围绕着产品创新这一中心，持续改良公司、提升品牌，就能从容掌控看似不可捉摸的未来。

因为，今天决定明天！

赵崇甫
2016 年 1 月

目录 CONTENTS

CONTENTS

卷二　不创新，毋宁死···················019

卷三　得势得天下，顺势成品牌···········031

卷十一　好玩才好卖，好玩就会买 ··················183

万物皆互联，构建新生态

周鸿祎表示，360 的未来是 IOT（ Internet of Things），不仅是人与人之间的连接，更是人与物、物与物之间的连接，通过互联网将所能想到、看到和用到的各种设备，大到发电机小到手表等连接起来。IOT 所能连接的是世间的万事万物，只要能找到其中的关系，就能通过复杂得无以复加的网络，透过超级海量的数据，很简单和便捷实现获取、操控。

"互联网 +"由另一位互联网大佬马化腾提出，由于被写进了今年的政府工作报告，在全社会被极速所熟知和热炒，似乎言必互联网 +。的确，当下所有行业不是要不要考虑互联网 + 的问题，而是应该加什么、怎么加的问题，这其中也包括互联网企业本身。比如很多传统网站，是互联网企业，做的是信息发布的事情，更像是媒体公司，随着移动互联网的兴起，随着微信等传播渠道的渗透，它们原有的业务已经江河日下，不去 "+" 就只能死亡。

IOT 直译为万物互联，比译成物联网或传感网更能让人明白其中所蕴含的意义和价值，它将对我们的生活产生重大影响，甚至使其发生翻天覆地的变化。从某种意义上讲，它与互联网 + 是同一事物的两个面，IOT 侧重于物理技术层面，互联网 + 侧重于思想行为层面，两者的结合成为一个全新时代的表象特征及内在动力。

本书的开篇，谈了两个看似与品牌不相关的概念，但它们一定是现在及未来很长一个时期商业生态的核心，任何品牌和营销，脱离了这一生态环境，都不可能存活，就如同人类离不开空气、土壤和水一样。

年末最后一炮，打到美帝内部

陈光标突然宣布即将赴美商谈收购《纽约时报》计划，又引得砖头与口水齐飞。他表示，在《纽约时报》刊登钓鱼岛是中国的广告后，认识到该报的巨大影响力，收购该报源自"希望世界和平、保护环境和热爱慈善"的理念，拥有该报后只报道真实信息。"公关大师"总有出人意料的举动，超级想象力才能造就"标哥秀"。

线上与线下，电商与传统模式将融为一体

前有王健林与马云一亿元的豪赌，后有董明珠和雷军十亿元的叫板，折射出新兴电商与传统模式的冲突和较量。事实上，王健林等传统行业大佬们早已布局电商，未来的商业价值都将由线上和线下共同组成，差别只在于，不同行业，线上和线下对业绩贡献不同而已。

阿斯顿·马丁

视频网站逆袭致"台网互动"变成"网台互动"

曾经的视频网站相对于高大上的电视台，无疑是真正的屌丝，但时移世易，孤高自许、目无下尘的电视台地位悄然发生变化，视频网站自制节目能力大大提升，已能向电视台输出高质量节目。可以预见，视频网站因经营更灵活，更贴近生活，其发展潜力无可限量。

再次迟暮的旭日升

曾经创造了"冰茶"品类的旭日升，因为独占"冰茶"品类而失去市场，被后来的统一、康师傅打败，在销售 30 亿元的巅峰状态下跌入谷底。2011 年汇源果汁将旭日升商标收入囊中重新运作，三年过后即宣布停产。品牌也如明星，过气了很难再翻身，即便露下脸也多是昙花一现。

宾利

对于平台商来讲，争夺客户数永远是第一位

相对苏宁的高曝光率，国美的电商之路显得悄无声息。但国美在线董事长牟贵先一封不知是不是故意"泄密"的邮件反复提到"行业标杆底价"，又让人想起了国美惯用的价格屠刀。以超低价重新激活关注、获得人气，这或许是在移动互联时代已有些落伍的国美的最好选择。

洞察消费者需求，不是靠想当然

佳洁士以高端姿态进入中国市场，但反应平平。中国消费的现状是什么呢？中国人不喜欢洁牙，牙齿方面的小毛病一般都不看牙医，所以牙医远没有欧美多。因此，"防蛀牙"成为佳洁士的卖点。因为又发现中国人信中医，牙膏里添加中药成分会受欢迎，所以有了佳洁士草本牙膏。

路虎

创新，一块香皂引发的难题

两头粗中间细的"狗骨型"的创新型舒肤佳香皂，方便手握、防滑，在中国市场畅销。宝洁将这一经验复制到欧美国家，也销售这种形状的产品。但欧美顾客纷纷致电，询问是否应将香皂掰成两块使用。不知是头脑简单，还是想象力丰富——喜欢养狗的他们难道真的将香皂想成了狗骨头?

经验，就是过去的体验，但它不一定正确

比如，绝大多数人以为中国宝宝的腿要比欧美宝宝的腿要细一些，因为中国人的体格偏小。但事实刚好相反，中国宝宝的腿要比欧美宝宝的粗。若按照此经验，欧美的尿不湿产品投放中国市场需改小尺码，结果想必是，大号变小号，小号变库存，或者只能卖到小人国去了。

英菲尼迪

霸王凉茶，真的有点儿苦

四年前我曾在《市场导报》撰文预言霸王投资凉茶必败，言犹在耳，霸王凉茶现正似寒风中之落叶，或很快零落成泥。霸王凉茶之败，除渠道外包的雇佣军无法和自建渠道抗衡外，最根本的是战略错误：在消费者心目中霸王是洗发水，或许消费者喝的是凉茶，品到的却是洗发水的味道。

品牌创始人都证明不了的品牌价值是绝妙的讽刺

霸王洗发水主打"防脱"概念，但其创始人陈启源头发却寥寥无几，稀疏可鉴。品牌是给消费者的承诺，代表着品质和信赖，品牌创始人和推广者都不能证明品牌的价值，其公信力必将大打折扣。因此，品牌创始人选择品牌方向时一定要充分考虑自身特点。

雪佛兰

私人订制，定制的是情感

冯小刚的《私人订制》很是火爆，同样火爆的还有品牌私人订制。2013 年夏，可口可乐在中国推出昵称瓶，可口可乐的昵称瓶上都写着"分享这瓶可乐，与你的——"。这些昵称有高富帅、邻家女孩、纯爷们、文艺青年等，迎合了当下流行的网络文化，亲们可以选择表达自己观点的专属可乐。

2014 年关键词：抢占移动互联网

小米充分吸收米粉意见通过互联网发售，创造了品牌神话；褚橙通过电商发售，采用一系列与网民互动的策略而大获成功；第一个互联网森林食品品牌"三只松鼠"在推出两个月后即成为天猫坚果行业第一名。下一步，各行各业都将加速布局互联网，特别是移动互联网，失先机则失市场。

CarGo 汽车

从董事长到服务员，降的是职务，升的是品牌

周黑鸭从武汉菜市场的地摊起步，一步步发展成遍布全国的零售食品企业。董事长周富裕为实现将周黑鸭做成像麦当劳、肯德基那样的企业，果断去家族化，引进职业经理人和投资者，建立现代企业管理制度。他的名片不再印董事长而是服务员，境界提升，身段自然放低。

重复的意义

"罗辑思维"是当下一个广受追捧的自媒体，其创始人罗振宇表示，之所以成功是找到了替大家读书这样一个切入点，且形式上做到统一。比如，每天早上发的微信语音都坚持60秒，每次都要录十多次才会成功，大概比别的自媒体人用时多几倍；每天坚持早上6点半发微信，每天六点钟起床，连续一年都是如此。

德国 LUK 公司

清晰的占位，让品牌成为品类代名词

在中国市场，与主打品牌历史及贵族风范的卡地亚和宝格丽等同行相比，蒂芙尼名头既小、门店数也少，但在订婚钻戒和婚庆珠宝的业绩却很好。事实上，蒂芙尼是将钻戒与订婚联系在一起的重要商业力量，正是因它，钻戒求婚才成为传统。它最应该做的就是延续和强化这种传统。

龙泉寺，有极客：寺庙也需要个性标签和故事

北京凤凰岭下的龙泉寺，藏龙卧虎，群英荟萃，很多僧人都是工程师出身，甚至有中科院、清华大学博士等人才。江湖传闻，微信之父张小龙困惑于微信产品研发，在龙泉寺散心时与一扫地僧攀谈，发现对方很懂技术，震惊之下，虚心求教，闭关七日后返回，微信终于大成。

纪梵希

多听，值得多听

相对视频网站，音频网站显得小众了一些。"多听"
专注于音频分享，上线半年多就积累了 600 多万用户。
初获成功的原因：一是专注于音频品类；二是善于借
势获得用户，比如和个人电台合作，在其他视频网站
跟帖介绍可到"多听"下载音频；三是注重创新，比
如将一些热门书籍录制成 APP，注重草根原创等。

营销宣传，时机选择很关键

子禽问曰："多言有益乎？"墨子曰："虾蟆蛙黾，
日夜恒鸣，口干舌擗，然而不听。今观晨鸡，时夜而
鸣，天下振动。多言何益？唯其言之时也。"青蛙整
天叫个不停但引不起注意，"雄鸡一唱天下白"，几
声就将人们从梦中惊醒。品牌传播也如此，时机不对，
再多的宣传也收效不大。

埃斯普利特

百事何以牵手吴莫愁？

百事可乐定位"年轻一代的可乐"，积极向上、追逐梦想、勇敢做自己是品牌宣扬的价值观，而吴莫愁的表现正契合了当下年轻人的大胆、有个性甚至叛逆；另外，基于百度等大数据的结论：尽管大家对吴莫愁有争议，但并非负面新闻，只是不同的人对她有不同的感觉。百事莫愁，挺好。

贩卖记忆的本质是贩卖情感

现代人都铆足了劲儿往前狂奔，很少有时间静下心来回忆，回忆成了稀缺品。商业上惯用的限量版实质就是故意营造稀缺。新希望乳业推出成都记忆、重庆记忆、杭州记忆等"记忆"系列产品，酸奶还是那个酸奶，但外包装采用独特的城市符号和文化元素，唤起了消费者心中久违了的记忆。

梦特娇

想当然，真的是当然吗？

微信"摇一摇"功能，只要摇一摇手机就能发现周围有哪些人。虽然微信开发者很担心女性受到陌生人的骚扰，但经过测试发现"摇一摇"很受欢迎，特别是受女性欢迎。事实上，参与测试的女性根本不在意被骚扰，而在意是否有更多的人向自己打招呼。了解女性，了解人性，才是产品开发应有的指导思想。

朋友圈营销的关键点

微博和微信产生了自媒体，每个人都拥有了自由表达的舞台，但绝大多数人对此并未有足够的认识。铺天盖地的微信，晒吃晒玩晒游晒萌晒心情，好一个"晒"字了得，并没有多少真正价值。如果要将自媒体作为个人品牌塑造的工具，得遵循两点：一是原创有价值的内容；二是有价值的传播圈子。

阿玛尼

三星 Galaxy S 手机的对手是谁?

很多人以为三星 Galaxy 手机的对手是苹果 iphone,
事实上是饮料。据调研发现,人们在无聊时,22% 的
人玩手机,11.7% 的人喝饮料,因此三星手机定位为 "休
闲时的必需品"。当所有的制表企业都在强调走时精
准时,施华洛世奇将手表定义为 "时装类商品",从
而创造了巨大的新市场。

砸了它就有 300 万美金

3M 安全玻璃广告标题很有吸引力,而妙处在于它是
公交站台广告。一个巨大的透明玻璃箱里,装了大半
箱美元,真实的装置,貌似很真实。事实上,这个钞
票也只能看看,因为:一、它只允许用脚拿;二、只
有上面一张是真钞,其余都是假的;三、保安在远处
盯着,假钞也不让拿。

古奇

乔布斯疯狂的简洁

一、定位，乔布斯重回苹果面对纷繁的生产线，只用一个一目了然的图表就给出了答案："分别为普通用户和专业人士服务的笔记本和台式机"；二、产品设计，iPhone 一键设计让操作易如反掌；三、产品命名，iPhone，ipad 令人过目不忘；四、演讲，2008 年 Macworld 大会上的 PPT，共 4 页 27 个字符，惜字如金！

邮件、短信营销效果依然很好

麦肯锡的一份调研报告称，在获取新客户上邮件营销的效果是 Twitter 和 Facebook 之和的 40 倍，在购买转化率上，邮件的效果是社交网络广告的 3 倍，订单规模也高出 17%。短信相比微信、微博到达目标人群更直接，宝刀未老，威力犹存。只是，邮件和短信须撰写得更有销售力。

红蜻蜓

持续传播一个主题，远比信天游式传播更有效，杂乱无章既浪费钱又模糊了品牌形象

国际奥委会赞助商宝洁发布了冬奥会广告《只为母亲》。宝洁在体育营销中一贯以亲情为主线，"为母亲喝彩"感恩母爱系列活动始于 2010 年冬奥会，伦敦奥运会的广告《最幸福的工作》也是表现母亲在最辛苦的工作中体会幸福。

传说的力量，13 亿人都信

相传"年"是个怪兽，每隔 365 天就出来伤人，人们用爆竹、红纸、红烛等手段吓跑年，久而久之成为节日。现在，我们明知没有"年"这个怪物，却年年都要过年，如在异地他乡，纵然远隔万水千山也要回家过年。这是什么样的力量？是传说变传统的力量！你的品牌制造了什么样的传说，创造了什么传统？

CROCS 卡骆驰

"时间"见证了时间的力量

2014 年春晚最受瞩目的不是各个腕儿而是小彩旗，从晚会开始到结束，4 个小时连续不断地转圈，让小伙伴儿们惊呆了。在这档喻示"时间"流逝的节目中，小彩旗用时间证明了自己。转圈，只转几圈叫玩儿，转 5 分钟叫表演，转 4 个小时就是行为艺术，小彩旗一转而成为万众瞩目的小女神。

VANS 方斯

百事可乐

百事可乐（Pepsi-Cola）最初于 19 世纪 90 年代由美国北卡罗莱纳州一位名为 Caleb Bradham 的药剂师所造，以碳酸水、糖、香草、生油、胃蛋白酶（pepsin）及可乐果制成。该药物最初是用于治理胃部疾病，后来被命名为"Pepsi"，并于 1903 年 6 月 16 日将之注册为商标。后来逐渐发展为美国百事公司推出的一种碳酸饮料，也是美国可口可乐公司的主要竞争对手。

1898
1905
1906
1940
1950
1962
1973
1991
1998
NEW LOGO

不创新，毋宁死

咖啡店原本是卖咖啡的，也兼卖其他饮料和食品，网吧就是上网的，两者能不能结合呢？只要敢想，当然可以。两者结合诞生了网咖，不收顾客饮料费，而是按顾客在店内的时间收费。相比按消费饮品收费的模式，按时间收费的效果要高出许多。

加油站仅仅只能加油吗？当然不是，今天遍地的加油站都在卖饮料、零食等其他商品。当城市越来越拥堵，单独去超市购物将无法避免堵车严重、停车不便、耗用时间等痛点，加油站设一个小超市当然大受欢迎。如果加汽油的利润只有1%的话，或许卖饮料的利润可达50%。

　　《最强大脑》是一档收视率颇高的节目，它将传统枯燥的智力竞赛以娱乐化的方式呈现，获得了极大的成功，选手的励志、场面的壮观、道具的华丽，甚至还有大牌娱乐明星作评委，让扣人心弦的比赛更"好看"！

　　创新很时尚，但创新更残酷，我们不得不随时面临着被新创造的东西所替代的现实。随着智能手机普及，随时随地都能轻松上网搜寻信息、娱乐、购物，与朋友及时沟通，网咖已经失去了新意。

　　一波接一波的创新浪潮推动着产业的发展和企业的进步，促进品牌的升级和升华。很多万年前，在茂密的森林，在广阔的原野，我们的祖先面临着野兽和天灾的威胁，他们眼观六路、耳听八方，随时关注周遭的情况并做好应变准备。也许，这就是他们能够从动物进化到人类的根本原因！今天，我们也应像我们的祖先一样，对变化保持充分的警惕。

极端才能极致

贝佐斯创造了新的商业术语"被亚马逊"，传统企业恨得咬牙切齿，恨不得欲除之而后快——这个土豪抢走了所有的客户和利润。他的偏执，表现为两个极端，一是对员工的苛求，可以仅因高管未在铃响后马上接听电话而公开予以羞辱；二是对顾客的极端溺爱，不讲股东回报，只求最佳用户体验。

思维比策略更重要

华为终端总裁余承东说，1G 看摩托，2G 看诺基亚，3G 看苹果三星，4G 就轮到华为了。他把对手划到历史的过去式，让它们显得老态龙钟，而标榜自己代表着现在和未来，这是好的营销策略。不过，华为智能手机能称霸 4G 时代，根本的挑战不是来自技术，而是如何从 B2B 运营思维更好地转向 B2C 思维。

彪马

联想收购摩托罗拉，一桩冒险的生意

联想以29亿美元从谷歌手中收购摩托罗拉智能手机业务。摩托原本就亏损，且谷歌保留大部分专利，市场认为估价过高，连续两个交易日股价下跌23.27%。联想急于加强智能终端的思路正确，但一个人老珠黄的品牌就如一过气明星，重生将困难重重，因为它在消费者心目中代表着过去。

产品即广告？

百度是产品还是广告？谷歌是产品还是广告？两者既是产品，也是广告——免费使用，用得好你会向别人推荐。工业时代，产品与广告分离，产品直接到达用户的成本太高，只能通过广告先影响用户。互联网时代，产品即广告，一些产品触达用户的成本很低甚至为零，做出令人尖叫的产品是不二选择。

哥伦比亚

超级跑车来自超级严苛的自我要求

创立于 1913 年的阿斯顿马丁因中国供应商使用假冒材料召回近 1.8 万辆汽车，占其 2008 年以来总产量的 75%。尽管没有事故归咎于这一缺陷，但它不计成本地坚决召回，这种自我要求和责任感与偷工减料假冒伪劣有着云泥之别。百年品牌不是一句空洞的口号，它来自 100% 的品质管理。

小即是大，少即是多，慢即是快

聚焦于更小的市场，容易获得更大的成绩，比如英特尔专注于芯片；想同时做更多的产品，未必会有更多的成果，比如目前中国企业热衷的全产业链（可以预见的是，很多都会巨额亏损，一个用铁链拴在一起而成的航空母舰没有战斗力）；追求非理性速度，跑得多快死得多快，一遇天寒地冻，立马一命呜呼。

匡威

索尼，日暮西山

凭借特丽珑和平面显像管技术主导世界电视机市场的索尼，即将拆分电视机业务并大规模裁员；曾创造了"随身听"风靡全球的索尼，信用评级竟下降至垃圾级。索尼衰退的主要原因：傲慢自大而缺乏创新精神；注重短期经济指标而忽视长远战略性研发；多元化的庞杂品牌架构模糊了品牌认知。

不变的法则就是变

这是一个天翻天覆地的时代，无论生活方式还是商业模式。比如，隐居将散落在各地的房子整合起来，供旅行各地的人预订，这必然消灭一部分传统的酒店；比如物业公司不收费，只提供小区家庭所需商品的配送服务。据说，靠粉丝打造出热销手机的小米准备做房地产了，这又将会是怎样超乎想象的颠覆？

耐克

移动互联网是一张平面的网

传统的销售模式，大多采用区域代理制，国代、省代、县市代等自上而下，区域范围从大到小，价格由低到高，这样的渠道是一张立体的网。在移动互联网时代，线上与线下实现完全的信息融合共享，全球任何一个角落在同一时间所获取的信息都是一致的，营销建立的是一张平面的网。

小米的挑战者

魅族创始人黄章复出后第一条新浪微博就向小米宣战："从今天开始，我就要告诉更多人，除了小米手机之外，还有更好的魅族手机可以选择。"魅族试图学习小米打造雷军个人品牌经验打造黄章个人品牌。在移动互联网时代，男神女神就是生产力，更多粉丝就意味着更多的用户和免费传播者。

纽百伦

天樽利共体的生态

来自各个部门的 65 人虚拟团队，研制的"天樽"空调，客单价 2 万元，通过电商渠道一天卖出 1228 台。超乎想象的成绩单来自于互联网下的制造思维：最大可能地利用资源，建立跨部门甚至是跨公司的协作团队，注重用户参与互动，比如听取用户建议，研发 APP 智能控制空调，甚至可监控 PM2.5 值。

品牌架构做减法应有度

传闻吉利可能取消帝豪、英伦和全球鹰等子品牌，回归既定吉利路线。其规划存在问题：一是企业不大品牌太多，二是帝豪车型少，三是英伦和全球鹰定位模糊。但如只保留吉利品牌，因吉利早已成为低端车的代名词，不利于其长远发展。所以，合理的架构应是：沃尔沃高端、帝豪中端、吉利低端。

天梭

跑马圈地，速度第一

滴滴打车与快的打车均采用既送司机又送乘客现金的血拼方式，疯狂跑马圈地，其用户增速不是几倍而是十几倍。滴滴和快的背后是腾讯和阿里巴巴两大巨头，当然不怕烧钱。事实上，巨头的眼光远不止占领出租车支付市场，更大的商机在于，用户习惯使用它们后，可以在上面嫁接更多服务。

说"敢·爱"，就敢爱或会爱吗？

英菲尼迪新推出"敢·爱"口号，号召人们"摘下面具，做真正的自己"，"敢于行，爱于心"。这是英菲尼迪与中国消费者进行的情感沟通，但问题是，消费者除了关注产品品质外，还关心产品的"妈"。英菲尼迪的母公司是日产，中日关系日趋紧张，去爱一个日本品牌的中国消费者会很多吗？

TIFFANY & CO.

蒂芙尼

品牌要上台阶，那就做价值观行销

汽车除作为代步工具外，还要能彰显拥有者的财富、地位和价值观。福特新推出针对年轻人的 SUV Ecosport，为了与性价比相同的品牌竞争，以"城市新物种"作为口号，表明这款车属于城市新生力量。雪铁龙子品牌 DS 也通过赞助大量时尚活动，与法国文化绑定，宣扬"法式奢侈"。

品牌命名热衷动植物开会，形象立体

车语传媒推出的子品牌叫考拉 FM，2011 年上线的国内最早的电台聚合应用叫蜻蜓 FM；张朝阳创办的搜狐号称中国最大的门户网站，后又推出主营搜索业务的搜狗。以书评、影评、乐评等功能汇聚而成的社区网络叫豆瓣，当然还有那个有人为之发疯的被咬了一口的苹果。

花花公子

"三八"节话题行销秘诀，制造悬念

以自我营销见长的刘强东，现在似乎低调了些。不过，京东当然不会放过"三八"节的大好时机，先是推出"全城男士要小心"的悬念户外广告，随后揭出谜底"骗女生，后果很严重"，最后道出"不光低价，真才靠谱"的核心价值诉求。假是淘宝的痛点，京东则强化"真"以打击对手。

推特

Twitter（非官方中文惯称：推特）是一家美国社交网络（Social Network Service）及微博客服务的网站，是全球互联网上访问量最大的十个网站之一。是微博客的典型应用。它可以让用户更新不超过 140 个字符的消息，这些消息也被称作"推文（Tweet）"。这个服务是由杰克·多西在 2006 年 3 月创办并在当年 7 月启动的。Twitter 在全世界都非常流行，据 Twitter 现任 CEO 迪克·科斯特洛宣布，截至 2012 年 3 月，Twitter 共有 1.4 亿活跃用户，Twitter 被形容为"互联网的短信服务"。

OLD LOGO

NEW LOGO

得势得天下，顺势成品牌

势，古字写作"埶"，从"坴"从"丸"，"坴"为高土墩，"丸"为圆球，从这样一个组合来看，势的意象画面就是一个圆球从高土墩上即将滑落的情形。《孙子兵法·势篇》所说："转圆石于千仞之山者，势也。"

汉字里有局势、形势、态势、姿势、情势、国势、水势、火势、风势、时势、运势、走势等与势相关的词语，它们蕴含着将要发生或正在发生的趋向性变化，这些趋向性变化，很多时候并不以个人意志为转移，必然发生，就如高山滑落的巨石不可阻遏！

势代表着未来，我们只能顺势而为，所谓"识时务者为俊杰"。BB 机，没有看到手机快速发展的趋势，只引领风骚两三年；诺基亚没有看到智能手机的发展趋势，从行业老大沦落为廉价资产；发明数字成像技术的柯达，没有充分认识到数码相机狂潮的到来，结果只能靠专利授权混口饭吃。

准确把握趋势，不光要关注自身行业的演进，还要随时提防外行的介入。百度干了广告的事，淘宝干了超市的事，微博干了媒体的事，微信干了电信的事，余额宝干了银行的事，滴滴、快的干了出租车的事，优步进入市场，躺着中枪的是陌陌……

更多时候，我们需要壮士断腕的决心。柯达今日的命运就在于当数字成像时代来临时，还希望兼顾传统胶片及冲洗业务，没有痛下决心将重心转移到数码相机上。今天的传统建筑仍以钢筋混凝土为主，如果没有看到工业化装配建筑的趋势，传统建筑企业必然会被淘汰出局。

契合当下需求，问题即机会

地下水和空气污染是当下热门话题，娃哈哈适时推出
一款产品——富氧弱碱性水。据称，该产品采用尖端
锁氧技术，溶解氧含量是普通饮水的 6-10 倍，可有效
补充人体所需氧气，"为人类从被污染的水源和空气
中解脱出来开辟了新的途径"。夸张的说法推的是"健
康饮水，科学补氧"的概念，可遇见的是不太可能成功，
我们的常识是氧是肺呼吸的，而不是胃消化的。

制造话题，有时比制造产品更重要

去年淘宝十周年，阿里号称为迎接来杭的阿里人订光
了杭州所有酒店；"双十一"买断福利彩票 11 月 12
日开奖的所有彩票赠送手机淘宝用户；今年"三八"
节又宣称包下所有城市电影院、KTV、餐饮，免费请
全国人民消费一天。这当然不是真的，但噱头十足，
围观者众，热议者多。

路易柏高

消费者"我参与"、"我喜欢"，然后"我使用"

传统品牌建构的出发点往往是厂商掌控信息，自说自话地强势向消费者灌输自我标榜的地位、定位或价值诉求，单向管道且居高临下。互联网生态下的消费者可不吃这一套，他们心中没有权威。因此，品牌构建主体是消费者而非厂家，让他们参与品牌构建的全过程，消费者"我参与"、"我喜欢"，然后"我使用"。

房企纷纷踢足球，醉翁之意不在酒

上海绿地集团与申花足球队达成协议，绿地将接手申花俱乐部资产，成为继万达集团、恒大地产、建业地产和绿城集团之后第五家拥有足球队的房企。从长远看，这是房企大佬们新的产业布局，从眼前看这是他们的营销行为，特别是夺得亚冠后的恒大球队，给地产版块带来巨大的影响力。

丹依奴

影响有影响力的人

这揭示了一个传播真谛：想让更多人更容易相信，就去影响更多有影响力的人，他们被打动后，其自身的影响力将带来更广泛的影响力。绿地在国内开发，整的都是城市地标"绿地中心"，在国外只布局世界级城市，张玉良董事长认为，要成为全球有影响力的企业，就得在有影响力的城市开发。

传播新概念，成为颠覆者

特斯拉很火，因为它是电动汽车，主打环保理念，这获得了一批精英的认同，雷军、段永平等行业大佬参观企业，吸引了众多拥趸的跟随。在资本市场获得追捧，是因其被誉为"汽车界的苹果"，它不是简单的电动汽车产业，而是互联网化的制造业，它颠覆了传统汽车，代表着汽车业的未来。

美国苹果

美国苹果

输了官司，赢得市场

只要足够用心，时时处处都能有创意。美国果汁品牌
POM 被美国联邦贸易委员会裁定广告违法，其宣称的
能"根治"心脏病和前列腺病等功效不能被证实，涉
嫌虚假宣传；但据医学证明，确实有助于"改善"病症。
POM 敏锐抓住这一点，利用判决书中产品有益健康的
内容策划了广告，宣传自己的功效。

一个真心的微笑，完胜世界级大师的设计

世界各大航空公司对空乘人员的服装都不惜血本，甚
至牵手路易威登等品牌的顶级设计师，选料做工也尽
显精良。据说春秋航空为追求独特效果，曾计划推出
女仆装（女性）及英式管家装（男性）。服装再美，
空姐再靓，但都抵不过优质的服务，最打动人的是真
心的微笑。

胖公子

安全，比什么花哨的噱头都重千百倍

"三八"妇女节，一个本应满是鲜花与祝福的节日，世界却因马来西亚MH370航班失去联系而震惊悲伤，机内239个鲜活的生命或早已魂归天外。一项调查表明，乘客对一家航空公司品牌的认知，有95%是在客舱中形成的。在空难面前，这个结论就是废纸一张。安全抵达，才是最重要的。

广告的另一种做法：营造真实场景

某年世界杯期间，圣保罗的公交车站变身为球门——真实大小的足球门，中间是一幅大大的海报，海报上是一瓶啤酒和一行广告语："巴西，把球踢进门里！"当进球后，当然要来一瓶啤酒庆功。此广告最大的创意在于，它打破常规，把真实的球门搬到了公交站台，太吸引眼球了。

华伦天奴

广告的另一种做法：营造真实感受

北美某咖啡品牌为宣传其"热腾腾，刚出炉"的早餐系列，把公交车站改成了微波炉。最绝的是，它不是简单的提供一个广告海报画面，这个形似微波炉的公交站真的能够供暖。广告发布在寒冷的冬天，热腾腾的早餐，暖和的站台，还有什么比这更让人温暖和印象深刻呢？

黄太吉，需找到一个准确的支点

黄太吉利用互联网制造话题，用微博吸引粉丝，获得了相当高的人气，但真正去吃了之后发现产品很普通，让人大失所望。吃东西，或吃味道、或吃营养、或吃方便。对于中国人来讲，味道最重要。无论黄太吉如何营造就餐环境，如何人性化服务，围绕产品做好功课才是根本。

豪雅

普通人也能为知名品牌增光添彩

雪佛兰公司采访了一个汽车爱好者，然后把采访视频送给他，并没有要求他做什么。但是，一个普通人受到公司的重视自然很兴奋，急于想与他人分享这一光彩经历的他将这个视频发布到社交媒体上，结果短时间内播放量就超过12000次。他获得了名气，雪佛兰也频频露脸。

向名教练学管理

带领恒大足球队夺得亚冠的里皮教练极其传奇，在32年执教生涯中获得18个冠军。他管理球队的心得是，在管理之前应该自己打造一个团队。优秀团队中每一个成员都应该有共同的目标，应该清楚自己能贡献什么，养成一致的工作习惯，并具备牺牲精神。一个有战斗力能创造奇迹的企业团队也应如此。

百丽

红旗 H7

红旗 H7 在新一轮高端刊物投放的广告中明确定位是"高档行政商务座驾",但画面却选用苍凉迷蒙的远山,与目标消费者乘坐汽车的环境相去甚远,驾乘者似乎更像是喜欢跋山涉水的驴友。其最新的广告主张"让理想飞扬"、"理想之车,护航前行路"、"在你理想飞扬之际,为你造一辆理想之车",与其定位并非很匹配。

不是克林顿的小克是谁?

克莱斯勒 300C,在高端财经媒体上发布名为《小克正撰》系列软文,颇有创新之处。一是立意,打破常规软文只是广告增多字数的模式,而是站在中国发展的高度探讨问题;二是拟人化,自称小克让人亲近;三是强调正宗的美国文化基因,但又让自己显得年轻,成为"继奥迪宝马之后的新选择"。

红双喜

忠诚与坚持成就个人品牌

亚当·霍曼克 17 岁时发起了"推选希拉里"的运动，敦促希拉里参选总统。10 年后，亚当仍在为此不懈努力，为了筹资及争取选民支持，成立了"力挺希拉里"的政治竞选组织，一些政界大佬担任顾问，一些商界大佬赞助资金。希拉里为他题词：我想创建一个"推举亚当做任何事"的运动。

互联网一步输，步步输

优酷抢先土豆上市，土豆被迫推迟半年上市，损失了10 亿美元的估值。互联网的特点是，某业务领域的一家企业抢得先机则能吸引最大量的投资关注，在短时间做到极大规模，大大压缩后进者的生存空间。阿里巴巴宣布在美国 IPO，将吸引最优质的投资者，京东延后上市后的估值或会大大缩水。

探路者

营销跑马圈地，抢占移动终端

智能手机在一些国家的拥有率已经超过 50%，这个数据还在持续上升，最终将彻底替代传统手机，人们越来越习惯从手机中即时获得资讯甚至购买各类产品。另外，越来越多的平台开发商致力于打造平台，越来越多的传统企业将产品搬上网络。在这一背景之下，抢占移动终端势成定局。

推广抢占移动终端的关键

互联网比线下更浩瀚无边，传播可用软硬两手。用硬手段费用不菲且效果未必好，而软手段则是充分制造话题，通过微博微信讨论、转发，被别人利用，则是最佳结果。比如，《来自星星的你》大结局那天，小米宣布，如果千颂伊没有和都敏俊在一起，周五食堂将提供免费的啤酒和炸鸡，以示安慰。

BUFF（西班牙户外品牌）

因为不懂技术，所以技术才更牛

马云在北京大学的演讲中说，因为百度李彦宏、腾讯马化腾都是技术出身，而自己不懂技术，所以很多人认为阿里巴巴技术不好。他的观点正好相反：正是因为自己不懂技术，才能更尊重技术专家；无知才能无畏，没把非常困难的事情想得太困难，因此没有半途而废，直到成功。

韩后品牌的"韩"机会

韩后取名或许是希望消费者把品牌与韩国美容、美女这些要素进行自然的联想，从而建立亲和、信赖和专业感。2012年韩后就签约全智贤为代言人，当下由全智贤主演的《来自星星的你》热播，无疑是韩后意想不到的惊喜。韩后未来的营销除放大此剧的影响力外，还应紧扣"韩"字做足文章。

杰士郎

有质感的语言更有力

美国众议院情报委员会主席迈克·罗杰斯批评奥巴马在对待乌克兰问题上表现出的软弱和无能时说："普京是在下一盘很大的棋，而我们则是在玩弹珠。"下棋与玩弹珠既有两个形象的物体（棋与弹珠），更有行动（下与玩），两句评论呈现极强的画面感，两相对比，更具感染力。

小米变身汽车，无需大惊小怪

互联网江湖新奇传闻数不胜数，原本搞英语培训的罗永浩将推出锤子手机早不是新闻；小米推出红米手机、机顶盒、电视机似乎也不见得是多大的跨界，传闻它将推出电动汽车，这个界跨得似乎有点大，不过也无须惊讶，互联网本是盛产颠覆性故事的沃土。

九鹿王

汽车与软件必将越来越紧密

小米推出汽车的可能性不是没有，未来汽车至少有两大趋势，一是电动化，二是智能化。小米在电动领域没有积累，但它拥有软件优势，尽管 MIUI 似乎与汽车智能控制系统有很大不同，但现阶段它能作为汽车的"预装系统"，植入丰富的互联网服务，深度绑定客户后能提供更多的产品。

小米不管做不做汽车，光这消息就值钱

一是省了很多广告费，网上网下有多少人在谈论，即便是假消息，这也算成功的话题营销；二是小米或因此而重视与汽车品牌沟通，推动合作，让 MIUI 占据汽车这个入口，增加用户数；三是如 MIUI 真成为一些品牌的预装系统，除了推送服务外，光是促进手机的销售就值得期待。

流浪者

1 元钱机票 +15 万元罚款 =1000 万元广告费

春秋航空曾推出 1 元钱的特价机票，被物价局罚了 15
万元，看似被罚得有点惨，但它却是赢家。一是曝光
率增加，事后春秋航空品牌知名度和认可度上升了
45.9%，如用广告手段达此效果至少需 1000 万硬投入；
二是所有人都知道它是廉价航空公司，这正是它要传
递给顾客的定位。

沃尔沃，延伸安全的定位

沃尔沃一则新广告翻译成中文是："你已经厌倦了德
国的电子舞曲了吧？试试瑞典的金属摇滚吧。"这显
然是剑指 ABB（奥迪、宝马、奔驰）。沃尔沃原打安
全牌，在中国倡导节俭风气的背景下，它认为不光是
要质量安全，还要给车主"身份上的安全感"，它的
车主健康、低调、有品位。

马太郎

特斯拉，营销很特别，很拉风

马斯克是一个非同凡响的梦想家，建设时速760英里的超级高铁、超音速电动飞机、可重复使用的火箭都是他想做的事。这些超级想象自然会吸引各类媒体特别是科技媒体的关注，而有如此宏伟梦想的人造一辆电动汽车似乎就变成了一件简单的事，在高势能推动下，特斯拉就拉风了。

借势新概念是策略还是预谋？

江淮汽车高层赞扬特斯拉及其新能源汽车发展构想，股价应声而涨；特斯拉与长信科技接触，长信股票立马抬升。似乎与特斯拉沾边就会被市场高估，在万向收购菲斯科的关键节点，鲁冠球利用这种猜想，公开夸奖特斯拉，暗示与其有合作意向，提升外界对万向的信心，也提升了万向钱潮股价。

米兰圣迪

开口说爱，让爱远传

台湾远传电信推出以爱为主题的系列广告片，通过一些平凡人说爱的感人场景告诉我们，应该珍视每一次说爱的机会。既然是让爱远传，就不能一波广告后就没有了下文，三个月后远传推出新一轮活动，为第一季最有代表的三位参与者拍摄后续的纪实故事。持续性的公关活动才能产生倍增的影响力。

吉尼斯世界纪录是一个标杆性营销工具

DDB 中国宣称在一周内实现两个吉尼斯世界纪录：一是为一号店创意代理 52 分钟售光 30 集装箱进口牛奶，二是借"世界睡眠日"契机为全球领先的寝具制造商赛诺搭建了世界最大的枕头。这两件事情操作起来都不是难事，难的是想出这样的点子，低成本、影响大、易执行。

杉杉

线上线下两线作战，未来商业竞争的常规战

阿里巴巴宣布阿里将对银泰商业进行战略投资，三年内阿里将持有银泰不少于 25% 的股份。马云与王健林的豪赌言犹在耳，阿里就染指商业地产，而此前腾讯也投资了华南城。巨头们此举说明光有线上不行，掌控线下也很重要，线上线下贯通才能形成有效的 O2O 闭环。

天美意

福特

福特（Ford）是世界著名的汽车品牌，为美国福特汽车公司（Ford Motor Company）旗下的众多品牌之一，公司及品牌名"福特"来源于创始人亨利·福特（Henry Ford）的姓氏。福特汽车公司是世界上最大的汽车生产商之一，成立于1903年，旗下拥有福特（Ford）和林肯（Lincoln）汽车品牌，总部位于密歇根州迪尔伯恩市（Dearborn）。除了制造汽车，公司还设有金融服务部门即福特信贷（Ford Credit），主要经营购车金融、车辆租赁和汽车保险方面的业务。

 1903

 1912

 1957

NEW LOGO

产品就是力量，品质才是根本

　　锤子 Smartisan T1 在罗永浩的话题营销之下，让罗粉们万众期待，但其声势浩大的发布会除了罗永浩高超的演讲水平外，没有任何亮点，本该成为主角的手机却黯然失色。山寨 iphone 的外观、看似美丽却体验糟糕的锤子 ROM，加之没有任何逻辑的虚高定价，让人直呼"老罗用了两年时间，换来的却是一个笑话"。

　　锤子 T1 不能更换屏保，一点儿也不给用户选择的自由，而坚定的产品主义者雷军，他为了让用户看到更漂亮的屏保照片，花费很多时间从数以万计的照片中亲自挑选。乔布斯会鼻尖贴着屏幕一个像素一个像素的审视设计稿，甚至要求机箱里的印刷板电路也必须设计漂亮；为了实现外壳上的苹果标志的完美曲线，不用更简单的注塑方式一次成型，而是坚决用数控机床切割后嵌在机身上。

在资讯极度发达的今天，消除了信息不对等，传统营销理论的 4P 已经融合在一起，渠道、价格和促销都要完全依赖产品确定，回归到以产品为中心的品牌本质。方鸿渐的克莱登大学文凭在他那个时代管用，拿着它可以堂而皇之去大学做教授，但现在这样的大学毕业证只会是个笑话，指尖一点，分分钟让假冒伪劣显出原形。混迹江湖，扬名立万，现在得靠硬功夫。

绿城品质堪称第一，却免不了被收购的命运，但这并不是产品主义的错，而是宋卫平沉浸在自己的情怀里，踩错了调控的节奏。他与雷军的区别在于，后者适时站在了智能手机的风口，而他错误估计了形势。绿城遇到困难还能卖出好价钱，也从侧面证明产品主义带给绿城品牌的巨大价值。

四个成人能打过一群孩子吗？

这是港交所行政总裁李小加作的形象比喻。曾经高高在上的传统银行感受到来自互联网的支付宝、余额宝等"宝宝"的冲击，甚至是威胁，两个群体明争暗斗。争论其实毫无意义，一切要顾客说了算。在安全的前提下，谁提供了更方便的服务，谁给了更好的收益，谁才会是赢家。

传统银行和"宝宝"们的争论，其实回归到两个基点即可，一是底层交易安全，二是顶层系统性可控

管理层别太照顾长子，给"宝宝"们充足的阳光，充分的雨露，现在尚小也存在不足的"宝宝"们一定会茁壮成长，今后就是四个成人与一群成人打架；公平的竞争环境也有利于老气横秋的长子低下高傲的头颅，好好学习，天天向上。

ST&SAT

星期六

肯德基形象大变，我们变了吗？

曾被 CI 设计界奉为经典的肯德基形象即将大变，店面外观、产品包装、员工制服甚至服务模式都会调整。业绩下滑是迫使肯德基作出改变的根本原因，时代变化太快，产品和服务应及时更新；消费者的审美也在发生改变，多年前的设计是该改变了，做不到引领潮流但至少不能落伍。

5 秒广告 PK180 秒纪录片

农夫山泉《美丽中国，美丽的水》以纪录片的拍摄方式讲述了如何寻找优质水源的真实故事，时长 3 分钟，以广告的方式在央视和分众楼宇广告播出。在以秒计费的电视广告播出的一般规则下，如此片长无疑是烧钱。但纪实的方式比纯粹的广告更令人信服，更长的时间让人印象更深刻。

雅诗兰黛

反者道之动

英特尔赞助巴萨球队，将标志印在球衣内部，广告的目的本是尽可能让人看到，而它却反其道而行之，不过，这一行为倒和该公司的广告语"Intel Inside"契合。《最强大脑》总决赛，韩后一条广告竟有 8 秒黑屏，不知道是电视台技术失误还是韩后学英特尔故意为之，因为它宣传的正是"熬夜眼霜"。

用户痛点即是卖点

普通空调是一个活跃度不高的产品，还会给客户留下让室内空气干燥的坏印象；同时越来越严重的雾霾带来健康隐患。空气净化器能够解决这两个痛点，所以市场渐好。空调品牌的机会在于，可以将空气净化及湿度调节功能与空调结合，而必须定期更换的净化器滤芯将成为长期的利润点。

碧欧泉

商业街规划与招商原则

世界最长的步行街武汉光谷长达 1350 米，但前后两段的商业氛围却是天壤之别。商业街特别是过长的商业街，规划方案必须前后左右贯通确保从各个入口都能有大量人流涌入；招商一定要坚持某一区域只招相辅相成且密切度高的业态，视当地情况需达到 70%-80% 商家入驻后再开街才可能成功。

王老吉新的营销反击

前两年两大凉茶对战，加多宝攻势凌厉，王老吉见招拆招。加多宝诉求"王老吉改名加多宝"，"全国销量领先的红罐凉茶改名为加多宝"，尽管被判侵权，但事实上造成了市场的认知混乱。王老吉现以"怕上火，认准正宗王老吉"、"不是所有红罐凉茶都是正宗王老吉"的"正宗"予以坚决回击。

蜜丝佛陀

广告的变革：从静态展示到话题延伸

过去，除了创意本身外，广告的效果取决于在什么样的平台、占据多大面积（纸媒的版面和户外的面积）、出现多少频次。现在，这些因素的影响力大大减弱，传播效果主要取决于内容的话题性，因为有话题才能引发兴趣，有了兴趣才可能被讨论、发酵、被分享，实现主动传播。

少林寺 = 苹果?

少林寺方丈释永信访美见苹果 CEO 蒂姆库克，认为少林寺与苹果有很多共同点。比如，苹果的氛围很像少林寺功夫带来的动感快乐；苹果的建筑装修很简洁宁静，苹果产品简洁而充满想象力，很像少林禅。"一点苹果，就连通整个世界"，一触碰少林文化，也能和宇宙对话。万法同归宗，大道皆一致。

薇姿

差评的意义

亚马逊开创了让读者自由发表评论的做法，尽管稍有不如意就会给予差评，但是让读者自由发表意见，可以倾听真实的声音以改进工作，从而增强读者黏性，同时差评只代表某个人或某类人的观点，或许某些产品因为差评反而促进销售。

两分钟 vs 两小时

著名演说家埃弗雷特与林肯同台演讲，前者洋洋洒洒两个小时，后者只用了 3 分钟讲了 10 句话，满场观众眼噙泪水。牛津大学曾邀请英国首相邱吉尔作"成功奥秘"的演讲，丘吉尔只讲了三句话"第一，决不放弃；第二，决不、决不放弃；第三，决不、决不、决不放弃；"全场听众掌声雷动。

施华蔻

真诚倾听消费者的意见而不是闭门造车

无印良品在没有 Logo 的情况下创造了超百亿元的商业奇迹。它重视消费者，生活产品设计面向消费者，产品开发、试卖、正式销售等全环节集思广益，社长金井政明通过邮件亲自检查落实；产品设计方案须获得由日本顶尖设计师组成的外部咨询委员会严格讨论通过才行。

炒作可以到对手的眼前去晃悠

中兴新款 4G 手机的发布会放在了韩国，官方的说法"向行业标杆发起的一次致敬和学习"，事实上是它将自己定位成三星的对手，直接跑到别人家门口挑战。背后的逻辑是话题营销策略，包括取名为"星星 1 号"，也是因为电视剧《来自星星的你》的热播，时髦的话题容易被主动传播。

高丝

对手决定成就

网络流行段子，揭示深刻道理。挑战英雄的三种结局：
赢了，你是英雄中的英雄；输了，虽败犹荣；平了，
也是英雄。商业上的启示：无论是模仿还是颠覆，选
择对比的品牌（对手）决定了我们成就的方向和水平。

思想创新重于技术创新

管理大师彼得·德鲁克在其著作《下一个社会》中断
言，美国、欧洲终将落后于中国、日本等亚洲国家，
因为美欧国家只认为技术层面的创新才是创新。确实，
技术创新本身也首先来源于思想的改变，思想是一切
创新的深层次原因和决定力量，思想也是最难改变的，
当思想变了，一切才会变。

相宜本草

清醒才是最大的力量

晚清之所以积弱积贫，四处挨打，是因为晚清对世界和时代没有清醒的认识，以为自己真是"天朝"。任正非在华为形势一片大好时，总担心"下一个倒下的会不会是华为"；规划手机战略，更是清醒地意识到应发挥通信硬件优势，突破谁都没做得太好的图像技术，坚决不做行业已经成熟的操作系统。

决定消费者圈层的根本是价值观

传统的市场调查分析往往偏重于年龄、职业、收入等因素，并由此得出结论。这些因素的确重要，但还不是根本。因为这些因素都只是外在的表现，真正起决定作用的是消费者秉持的价值观。传统方式划分圈层比较靠谱的原因是，相同年龄、职业和收入的人价值观相似度比较高，但现在是价值观多元的时代了，仅据此来推测价值观准确度不高。

圣罗兰

刚需的本质是什么

"刚需"可能是当下房产界出现频率最高的词汇之一，楼盘定位刚需、营销主打刚需，但往往事倍功半，效果并不明显。原因在于对刚需的理解不深，能买得起房的刚需基本已经买了，当下的刚需是"买不起房的刚需"。只有对此有深刻的认识，才可能制定出有效的营销策略，否则即是缘木求鱼。

不行就变性

产品定位错误导致产品滞销，要破局唯有变性。比如，某高端别墅项目有较优越的位置，但面积较小。如果按照居住型别墅定位将很难销售。我提出"第一（二）客厅"的概念，若将别墅变性为私密尊邸，从居住变性为商务，结果很可能从烫手山芋变性为热门抢手货。

SHISEIDO

资生堂

聚焦瓶子也是聚焦吗？

和其正广告一个核心诉求是"瓶装更尽兴"，加上牵强附会的"做人要大气"，将焦点对准"瓶装"。聚焦的确很重要，聚焦某品类，对内优化资源配置，对外强化品牌认知，但应聚焦于品类的核心价值而非瓶子等包装材料，因为无论是罐装、瓶装的都是凉茶，而凉茶最核心的价值是预防上火。

夕阳产业也可以是好产业

联想透露未来的三大路径，除推动智能手机全球化和新兴服务器业务外，还要继续做大做强 PC 业务，从戴尔、惠普两大对手中夺得更大的份额。随着索尼、三星等资深大咖们逐渐退出这一领域，联想有可能大幅度提高市场占有率，拥有更多话语权，甚至定价权，从而实现更高利润率。

伊卡璐

品牌定位的价值点不能依托外在形式

品牌定位应建立在自身核心价值上，且这一价值是自己首创、或独有、或消费者认知独有。方便面油炸与非油炸的背后不仅是加工工艺的区别，而是健康与否的区别；纯净水与自然水的区别是健康与更健康的区别；大自然的地表水与原始森林火山矿泉的区别是卫生与更卫生的区别。

哪些管哪些放手，这是领导艺术

佩奇将谷歌打造成超级明星企业，他的管理思想值得我们学习，其核心是发挥团队所有人的作用，而不把自己放在万能的位置。比如，"让那些真正做事的人去讨论"，意即不要官僚主义，不要轻易干涉；还有"领导最糟糕的事就是说不，如果说了不，你就得帮他们找到更好的方法"。

多芬

一家互联网企业的电视广告逻辑

谷歌作为一家纯互联网基因企业，掌控着美国数字广告市场 40% 以上的份额，但它去年广告预算的 78% 流向了电视，仅 15% 流向网络。看似奇怪其实很正常，一是不必向已经习惯上网的人过多推广，将看电视的人争夺过来上网的价值才最大；二是传统媒介的权威性在短期内还会相对较高。

克林顿对领导力的理解

能做上美国总统的无不是过五关斩六将，历经大小无数的 PK，其领导力无疑超强。克林顿认为领导力的关键是：目标要坚定，方法要灵活；做决策要勇敢，阐述决策要自信；听取意见要真诚和广泛，在犯错时勇于承认；有争议时，必须学会做出妥协，清楚自己不能跨越的界线在哪里。

迪士尼

汽车也玩 O2O 的渠道模式

特斯拉除了饥饿营销外，还坚持不建经销商网络，所有产品都是直接从工厂寄到客户手中。用户直接面对企业，提出自己的需求，企业能很快了解用户的想法，及时改善产品；用户通过在线预订，然后到特斯拉设在各大城市的展厅体验，因展厅面积不大，在保证极致体验的同时大大减少中间成本。

妈咪宝贝

Google

— 1934

1935 —
Google!

Google™
— 1999

Google™

谷歌

谷歌（Google），是一家美国的跨国科技企业，致力于互联网搜索、云计算、广告技术等领域，开发并提供大量基于互联网的产品与服务，其主要利润来自于 AdWords 等广告服务。Google 由当时在斯坦福大学攻读理工博士的拉里·佩奇和谢尔盖·布卢姆共同创建，因此两人也被称为"Google Guys"。1998 年 9 月 4 日，Google 以私营公司的形式创立，设计并管理一个互联网搜索引擎"Google 搜索"。Google 网站则于 1999 年下半年启用。Google 的使命是整合全球信息，使人人皆可访问并从中受益。Google 是第一个被公认的全球最大的搜索引擎，在全球范围内拥有无数的用户。

苹果

苹果公司（Apple Inc.）是美国的一家高科技公司。由史蒂夫·乔布斯、斯蒂夫·沃兹尼亚克和罗·韦恩等三人于 1976 年 4 月 1 日创立，并命名为美国苹果电脑公司（Apple Computer Inc.），2007 年 1 月 9 日更名为苹果公司，总部位于加利福尼亚州的库比蒂诺。

苹果公司 1980 年 12 月 12 日公开招股上市，2012 年创下 6235 亿美元的市值记录，截至 2014 年 6 月，苹果公司已经连续三年成为全球市值最大公司。苹果公司在 2014 年世界 500 强排行榜中排名第 15 名。2013 年 9 月 30 日，在宏盟集团的"全球最佳品牌"报告中，苹果公司超过可口可乐成为世界最有价值的品牌。2014 年，苹果品牌超越谷歌（Google），成为世界最具价值品牌。

1976

1976

1998

NEW LOGO

聚焦的威力，爆款的秘密

在希波战争中，弱小的叙拉古城邦遭到强大的罗马军队围攻。面对罗马调来的强大舰队，在一个骄阳似火的中午，阿基米德召集叙拉古城内的妇女小孩，每人拿着镜子，集中向一艘罗马战舰的风帆上照射，不一会儿船帆就着火了，火随风势，相邻的战舰全都着火，罗马士兵死伤无数，不战而败。

普通的阳光连一张纸也点不着，而阿基米德却能让整个舰队着火，从而打败了一支强大的军队，赢得一场实力悬殊看似根本不可能胜利的战争。阿基米德是一位杰出的科学家，他运用了光学聚焦的原理，把分散的阳光汇聚到一点，从而产生大量的热量，达到帆布的着火点，从而引发燃烧。

这是光学聚焦的力量。而聚焦的原理无处不适用。我们常说的滴水石穿，绳锯木断，也是聚焦的力量。连续滴落的水滴，一直滴在同一个地方，只要假以时日，再坚硬的石头也会被滴穿；再粗壮的木头，用绳子在同一个地方反复摩擦，也会被锯断。弱胜强，柔克刚的根本原因就是聚焦，把所有的资源、力量聚集在一个点上，从而产生强大的威力。

在竞争激烈的当下，我们需要聚焦，做成极致的爆款产品；在资讯泛滥的今天，我们需要聚焦，向市场传达清晰简明的声音；在消费者面对琳琅满目的商品无从选择之时，我们需要聚焦，给他们一个坚定的购买理由。这几年，流行全产业链概念，也许这只是一个好听的故事，让我们看不到好看的结局。

老子说，少则得，多则惑。我说，聚焦更小，成就更大！

总有新奇在身边

移动社交陌陌在北京人流最集中的地铁发布一系列广告，推出最新广告语"总有新奇在身边"。紧接着，陌陌的系列广告也在上海、成都等中心城市投放。陌陌一改以线上营销为主的传统策略，注重线下媒介是为了争夺更多的新用户；同时，换个套路也符合它的"追求新奇"的品牌价值诉求。

用户"刚需"永远是最重要的

互联网时代最不缺的就是想法，各种应用和服务层出不穷，但生命力旺盛者极少，大多是各领风骚三五年，甚至更短，其根源在于对用户的价值不大或者很快被替代。

OK BABY

微信营销需泛架构

很多企业都想建立一个粉丝量巨大而黏性十足的微信大号，希望透过这一平台发布企业或品牌的最权威资讯。这仍是过去式的传播思维，而非社会化营销思维。自媒体的兴起本质是去中心化，如果仍用传统思维运营微信其效果将大打折扣。正确的做法是利用各层面员工及合作者建立尽可能广泛的终端。

品牌架构需视发展阶段而定

吉利发布新的品牌架构和标志，新标志以帝豪标志为基础，保留原吉利标志的蓝调并使之有立体感。帝豪、全球鹰和英伦三个子品牌统一为吉利品牌，三个子品牌以产品品牌身份用作尾标。吉利集团在单品销售尚小时过早推出三个子品牌，既无法形成品牌合力，又造成品牌认知模糊。

小泰克

自找麻烦还是借力，无所谓对错

高通芯片以优异的表现让手机厂商产生依赖，从而取得定价权，华硕手机为降低成本选用英特尔芯片。选用优质的手机芯片可以保证质量但要付出高成本，选择英特尔还需二次开发但性价比高。成败取决于执行，取决于能否与英特尔做好整合；还有，对于手机来说，最应该重视的是品牌打造。

穿越时空依然鲜活的只有文化

30 年前，海尔兄弟动画片影响了一代人，三年以前我就呼唤"海尔兄弟，你在哪里"；一年前，海尔以"大画海尔兄弟新形象"创意活动拉开进军文化产业的序幕。什么产品才能历久弥新？机械设备放 30 年已成破铜烂铁，而文化产品过了 30 年，生命力却依然蓬勃，甚至更有活力。

菲比纸尿裤

人们对同一品牌的感受在不同的情景下会有差异，最终形成的品牌印象和品牌价值是各种情景体验（情景资产）的平均值

在塑造或提升品牌价值时确保各种情景下给用户最佳的体验，比如，排长队购买星巴克可能让我们不爽，星巴克要想提升品牌价值，就得提升情景资产，改进现场管理，让客户不等太久，或即便等也要能开心地等。

手工文化，工匠精神

计算机迅猛发展带来设计技术的革命，数控技术带来机械制造的极致精密，绝大部分产品都能够既快又好地生产出来。与规模化生产增长趋势相反的另一股潮流是手工制造的兴起。手工品牌的价值及诉求在于每一个步骤都由工匠精心制作，它不是模具化批量化的工业产品，而是凝聚了爱与尊重的作品。

贝因美

暴力营销，未尝不可

滴滴与快的高补贴的竞争，曾被批为暴力营销。事实上，两个品牌背后远非打车软件的竞争，而是支付宝和微信支付、余额宝和理财通的竞争，甚至未来还有更多嫁接其上的产品的竞争。只要不对骂，不掐架，怎么样都没关系；况且，它们的竞争让消费者得了方便和实惠，这样的暴力多点儿又有何妨？

母爱永不言弃，感谢母亲

2014 年母亲节，宝洁发布了新广告——《What I See》（我所看见的），讲述的是某残奥运动员在母亲的关爱下成长，画面由女主角和母亲现在的影像倒叙到过去的影像，最终定格在母亲举着小婴儿的瞬间。近年来，宝洁一直在做"为母亲喝彩"系列，因为母爱这一永恒的话题很受欢迎。

黄色小鸭

坚持最基本的商业逻辑

老干妈在国产品牌中颇显另类，一家传统得不能再传统的制造企业，没有高大上的高新技术，又拒绝外界资本介入，却伴随着中国人走遍世界的脚步而顺利实现国际化。创始人陶华碧没有新的管理理论，只是坚持将产品风味做好，坚持最基本的诚信商业原则，坚持一分钱一分货、现款现货。

VI 设计要规范，但不要僵化

多年前，企业形象系统引入中国，当时一些行业领先的企业开始学习并实施，建立详细而严格的规范是当时的铁律。但近年来，社会化媒介的兴起让人们逐渐厌恶单调而僵化的形式，强力灌输的效果大打折扣甚至招致反感，颇具话题性的内容和更具亲和力的形式才会有好体验。

NUK

大学城里的浴巾旗帜

上海某大学城一宿舍楼里突然挂满了印有著名球星梅西的浴巾，这不是恶作剧，而是上海百事公司的一次宣传活动。借力世界杯是各大品牌都想做的事，但高昂的赞助费让人望而生畏。此次百事将战场转到校园，低成本锁定对足球最感冒的群体，再借助社会化媒介，飘满浴巾的照片被反复"晒"。

戏言真的可以当真

2014年愚人节，百度推出一个制作精美的视频《筷搜》，以专家讲解的方式，阐述了用筷子接触食材即可知食材的来源地、是否使用地沟油等神奇功能。百度借着愚人节之机，自我搞笑一把，居然有人信以为真，视频获得大量转发。百度也认为以现有技术能够实现这些功能，遂计划将概念产品真实化。

妈妈好孩子

正面交锋，劲道十足

360手机卫士在京华时报发布反骚扰广告，占据分类广告版面正中位置，被整容、中介等广告包围，"到目前为止我们已经成功拦截骚扰电话3000亿次，当然，本页的广告也不例外"，同一版面中的广告全部中枪。越正面的交锋，离敌人越近，才越有看点，越有话题，有话题才会更容易传播。

人脉关系的变迁：从熟人到圈子，再到跨圈子

中国是人情社会，对熟人大多热情友好，相互信赖，对于陌生人则冷漠和不信任。现在，又热衷于圈子，这个会那个班，某些领域有交集的人聚合在一起；随着新媒介更深入地介入工作和生活，会形成跨圈子的关系链，远在天边看似毫无关系的陌生人也可能展开合作。

雅培

定位争议的根源

经典的营销理论定位，赞誉者众，但批评者也多。赞誉者认为品牌应聚焦，批评者则认为过于聚焦会影响企业做大。事实上，两者讨论的其实不是一回事，前者焦点在品牌，后者焦点是业务架构。品牌定位越聚焦越能赢得精准的客户；企业业务也需要聚焦，但范畴不能过窄，保持适当的宽度也是必要的。

你选对产品了吗?

聚美优品在美国上市，创立四年多的垂直电商创造了互联网的一个奇迹。奇迹并非运气，背后一定有科学的原因。选择以女性化妆品切入市场，这是成功前提。一是女性化妆品市场容量巨大；二是美妆单品价值较大，单笔消费额大；重量轻，节省物流成本；一两次使用后不能证明不好，退货率较低。

亨氏

作为平台性电商，
定位和商业模式应考虑到未来的延展性

聚美优品选择美妆产品，现有品类的规模可以做到很大，未来的想象空间也会很大。聚美优品在持续改进用户体验的基础上，可以增加更多的品类，同时推出更多自有品牌，增加毛利率；销售的模式也可以往线下发展，甚至直接进军美容美发和女性护理领域。

你选对时机了吗?

聚美优品切入市场的时机也较好，一方面是垂直电商、团购网站刚刚兴起之时，是全社会都密切关注的时期。当潮流初起时，只要做好基本功，做好产品质量、与更多的供应商建立合作，并保证整个物流供应链处于正常的运行状态，企业就可以借着潮流的大势而风生水起，这就是顺势而为。

法国合生元

当市场没有解决用户的担忧时，
正是切入的好时机

在聚美优品之前，中国的化妆品电商主要是 C2C 模式，这种模式最大的问题是无法保证产品质量，当时网上充斥着各类大量的假冒伪劣产品，对于可能直接给使用者带来伤害的化妆品很难获得用户信赖。聚美优品采用 B2C 模式，产品质量看似能得到保证，解除了用户的担心。

动感 101，聚焦音乐成第一

动感 101 自创立以来，收听率一直居于沪上第一。其品牌名称颇具识别性，远比初创时的名称"东广音乐台"要个性和易感知。他的成功坚持以音乐为主的内容打造才是关键。连续 21 年举办东方风云榜流行音乐颁奖典礼，获格莱美官方授权转播，与其他音乐台举办"全球华语歌曲排行榜"活动。

帮宝适

关怀消费者内心，才能赢得消费者芳心

很多人离乡背井到远方的城市工作，只为让孩子受到更好的教育，让家人过上更好的生活，但昂贵的电话费让他们只能把思念放在心底。可口可乐推出一项公关活动，帮助异乡漂泊者与家人展开更好的沟通，开发一款可用可乐盖当话费的电话亭，一个盖子可以免费拨打三分钟国际长途。

品牌名声坏了，就再难发新枝

广告曾刷满全国城乡的三株口服液，被湖南常德"一老汉喝三株死掉"的事件击倒，品牌一夜之间坍塌。创始人吴炳新没有另起炉灶，而是选择了用"三株"品牌开发化妆品、中药制品。市场当然不会认可一厢情愿的坚持，品牌一旦烂了，就很难焕发活力。坏掉的三鹿，也难再现风光。

星月玩具

危机公关：不要抱怨，要积极配合

中央国家机关政府采购中心下发通知，要求中央机关所购计算机类产品不允许安装 Win8 操作系统，有猜测是担心 Win8 系统存在安全隐患。微软面对突如其来的打击没有抱怨，表示自己一直以来和政府机构紧密合作，将继继为政府提供 Wind7 操作系统，并做好 Win8 的评估工作。

与事实相距很远的概念才有营销价值

今天微软发布了 surface pro 3 平板电脑，微软高层宣称该产品可以实现"梦想"，还将取代"笔记本电脑"。笔记本电脑对台式 PC 产生冲击，但并未消灭台式 PC；同样，在可预见的较长一段时间平板电脑也难完全取代笔记本电脑。如此大尺度的话，严谨与否不重要，重要的是，是否能吸引人。

妈妈爱

楼盘布局规划创新之反向策略

楼盘的定位及概念规划基本上决定了项目的成败，但仍有些开发商对此不太重视，一上来就让设计院设计画图。要建立竞争优势，最大化项目价值，应充分进行创新思考，提出独特的概念、观点。比如，我们习惯了楼一定要往上建，深坑酒店则反之，将楼往下，建在取土形成的大坑内。

楼盘布局规划创新之组团策略

地产政策规定某一面积应在楼盘中有相应的占比，这直接导致楼盘内可能会集中有针对刚需的高层、针对改善的多层和针对高收入的排屋或别墅。常见的做法是：靠景观（水景或山景等）做别墅，中间做多层，外围做高层。最佳方案或是每类型做成组团，以最大化拉伸各个类型的价值。

BSNHO

王石与宋卫平的区别

同一座城市同一天下午，万科组织的城市乐跑活动在
杭州市民中心盛大举行，绿城就出售股权在黄龙饭店
举行新闻发布会。两相对照，冰火两重天。如此结局
看似意外，似乎又是必然。两位掌舵人的理念不一样，
宋总关注产品，苛求细节，董事长干项目经理的活儿；
王石更关注趋势、团队和制度，做的是顶层设计。

谁更不务正业?

看上去王石很不务正业，先是登山，后又跳伞，再玩
航海。但他很清楚万科的方向，也踩准了地产发展的
每一个节奏，建好了制度，打造好了团队。宋总看上
去很务正业，是个典型的产品主义者，对品质追求完
美，事必躬亲，但节奏踩得都不准，在地价最高位拿地，
市场最低位销售，一遇问题就危机四伏。

小龙哈彼

楼盘布局规划创新之价值区

楼盘的定位正确与否基本决定成败，而楼盘的整体规划特别是楼盘的价值区域布局方案也非常重要。如果将楼盘价值分为三个区，则应尽可能放大第一价值区，尽可能减少第二、第三价值区。比如将临水、临景的套数做多，引入水系，横向布景和竖向布景改为斜向布景，缩短行车道等。

山寨大片的商业启示

中国青年政治学院几个学生，模仿热播的《舌尖上的中国 2》制作了一部名为《舌尖上的宿舍泡面》视频，搞笑中蕴含着温情，网上收视率颇高。画面中多次出现康师傅的方便面，让人以为是康师傅的病毒营销。这给品牌营销的启示：一、要善于借势；二、幽默更利于传播；三、搞笑仍要有正能量的情感。

新安怡

电影《归来》成功的秘密

在娱乐至上的当下，这部深沉的电影获得票房成功的主要原因：一是击中了集体浮躁之下的情感疏离、人情淡漠的现实，它呼唤人们心中失落了但却渴望的爱的回归；二是张艺谋个人品牌的背书，电影是导演个人烙印很深的产品，导演及演员是决定票房的重要因素。如同《一九四二》一样，冯小刚的江湖地位就是票房号召力。普通的导演触碰这类题材，即便艺术水准很高，票房也是很难保证的。

不偏执，难成功

大凡有成就者或多或少都有些偏执，与一般人的想法有些不同，有点儿认死理，有点儿一根筋。将自己的想法彻底地贯彻，遇到再大的困难也不改初衷、不改方向，坚持到底。世界很绚烂，人生很短暂，不能眼花缭乱。如任正非所说：我们像龟一样爬行，四周的鲜花全当没看见，不要机会主义，要跑马拉松。

好孩子

价值观还是价钱观?

价值观还是价钱观?某直销公司组成庞大旅行团赴美,7000 人一起在洛杉矶合唱中国国歌,升中国国旗,气势恢宏、场面壮观。旅行还未结束,人均刷卡消费已达 1 万美元。这当然是一次典型的营销行为,只是不知道美国人看到此场面会作何感想。一个国家的品牌形象靠的是健康的价值观,而不是肤浅的一掷万金。

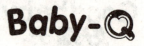

BABY-Q

1939

Before

After

New

大众

上海大众成立于 1985 年，是一家中德合资企业，也是国内大规模的现代化轿车生产基地之一。总部位于上海安亭，目前拥有朗逸、途观、桑塔纳、帕萨特和斯柯达品牌等系列产品。

大众汽车（德语: Volkswagen）是一家总部位于德国沃尔夫斯堡的汽车制造公司，也是世界四大汽车生产商之一的大众集团的核心企业。Volks 在德语中意思为"国民"，Wagen 在德语中意思为"汽车"，全名的意思即"国民的汽车"，故又常简称为"VW"。台湾译为福斯汽车，港澳、大陆译为大众汽车或福士汽车，意思是"人民的汽车"。整个汽车集团在 2012 年产销超过 907 万辆，大众品牌则超过 574 万辆。

拜耳

拜耳公司是世界最为知名的
世界 500 强企业之一。公
司的总部位于德国的勒沃库
森，在六大洲的 200 个地点
建有 750 家生产厂；拥有
120000 名员工及 350 家分支
机构，几乎遍布世界各国。
高分子、医药保健、化工以
及农业是公司的四大支柱产
业。公司的产品种类超过
10000 种，是德国最大的产
业集团。该公司生产的阿司
匹林，被人们称为"世纪之
药"，也创造出了"魔鬼的
杰作"——海洛因。

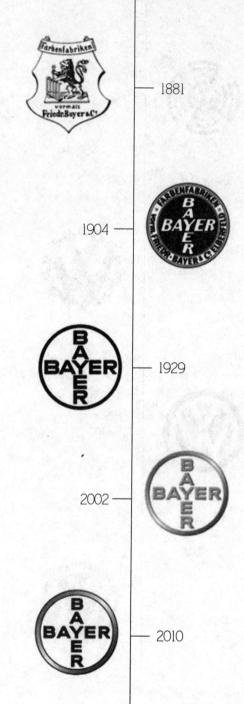

1881

1904

1929

2002

2010

卷六

名不正则言不顺，好名字获好名声

哈萨克斯坦总统纳扎尔巴耶夫提议改国名为"哈萨克耶烈"，理由是哈萨克斯坦富裕繁华，但世人往往将它和中亚其他几个经济落后、形象欠佳的同叫"斯坦"的邻居混为一谈，尽管哈国有优美的风景、9000余处古迹，却名声不响，缺乏吸引力。哈国意图想去掉"斯坦"，实质是借机升级国家品牌。

名不正，则言不顺。中国人向来重视取名，既要有好的含义，还要朗朗上口。当下，品牌命名出现了一些新趋向：形象而直接。腾讯推出即时通信工具微信，既是针对微博，又体现产品特征；阿里巴巴推出来往，沟通本来就是一来一往，简单直白；第一家主动提供音频免费存储服务的平台叫爱听，就是让大家爱听；滴滴和快的，一听就清楚是做什么的，而且能瞬间让人记住。

但有一些简单过了头，仅就餐饮平台类名称而论，"大众点评"尚算中性，外卖订餐平台"饿了么"和点餐应用"大嘴巴"就显得粗俗，只能和吃挂上钩，无法和"美食"建立联想。当攻城略地、争抢地盘过后，命名终究要回归文化和品位，要能传达品牌的内涵和价值主张，只有这样才能拥有长久的生命力，成为经典。

可口可乐刚进入中国之时，它的中文名叫"蝌蝌啃蜡"，一群蝌蚪啃着蜡，那会是好看的场面吗？凉爽的饮料怎能有味同嚼蜡的联想？如此之名，市场接受程度可想而知。后来通过征名才有了现在的名称。可口可乐直接生动地揭示了给消费者带来的味觉感受"好喝"和心理感受"快乐"，既然好喝，喝了还会快乐，为什么不喝呢？Benz 大陆的翻译奔驰就比香港的平治好，现在的 Uber 翻译为优步也不错。

从药品到食品，变性变出大市场

阿胶在中国人心目中是补药，但既然是补药，只有一部分体质差的人会补，而大部分健康的人成不了消费者，市场自然有限。即使经济发展，收入增加，市场的增长速度也不快。将阿胶做成可口的零食，就创造了一片新蓝海。加之它在消费者心目中有"补品"的定位，没有推广障碍。

营销慎用数字化概念

数字化概念是把双刃剑，一头是对消费者的强大吸引力，另一头是经不起检验而留下不诚信印象的隐患。某空调号称"一晚低至一度电"，的确是个好的广告标题，能吸引眼球，博得好感。但事实上，实现这一目标有诸多前提条件：特定型号、特定环境、特定模式，甚至"一晚"的意思是指"八小时"。

Mc Kids

命名宜简单直白

可口可乐和雀巢两大巨头合资生产的雀巢冰爽茶黯然退市，其他茶品牌也影踪难觅。暂不论国际大牌水土不服等原因，单品牌命名就存在不足。"茶研工坊"、"健康工坊"、"原叶"看上去想追求品位，但不如冰红茶和冰绿茶来得直接；冰爽茶似乎不错，但无论口感还是形象都没有突出"爽"字。

熊猫哥模仿章鱼帝

南非世界杯，德国章鱼保罗准确预测了德国队全部7场比赛结果和决赛西班牙战胜荷兰队的结果，受到全世界关注，被冠以"章鱼帝"。中国大熊猫保护中心宣称在巴西世界杯期间让大熊猫来预测比赛结果。熊猫哥与章鱼帝的预测能力孰高孰低姑且不论，放出这个消息就已经是中国符号的一次成功营销。

智比

实施品牌战略，商标注册必须先行

广汽用一年多的时间策划设计完成了多个标志并成功注册；长安汽车新标的第 37 类（汽车零部件）与广汽已注册但未使用的商标形似而被驳回。长安新标已在使用，因涉嫌侵权，陷入进退两难的境地。弃，先前推广及应用都打了水漂儿，损失巨大；用，广汽可能狮子大开口，让其大出血。

无论世界如何变，服务好客户才是本分

这是一个巨变的时代，各行各业，人人自危，担心一夜醒来世界完全改变，原有的业务被彻底颠覆。但中小企业不要被新奇的概念吸引，更不能因追求虚高的目标而失去脚踏实地的本分，遵循服务好客户的基本商业规律，改善质量、提升服务才是正道，以不变应万变。

ARCTIC FOX

快乐狐狸

产品包装和数字、社交媒体的结合

可口可乐在 2013 年 "昵称瓶" 活动成功的基础上，今年推出 "歌词瓶" 活动，把流行歌词印制在瓶身上，扫描二维码即可观看一段与此相关的音乐视频，并可以在社交媒体上分享。在早已是经典的可乐瓶身上，加上歌词和二维码，实现了传统与时尚、新技术的结合，创造了全新的体验。

挖掘自有媒体的潜在价值

最早的店铺招牌就是自有媒体，商业广告兴起后，自有媒体被忽视。前些年企业推行的 VI 识别系统本质就是以自身作为媒体，不过，这种宣传还是单向和浅层次的。可口可乐的 "歌词瓶" 策略则是一种全新的深度挖掘自有媒体价值的创新，不只是展示形象，还有互动和分享，值得借鉴。

巴布豆

由静到动，广告越来越逼真

惯常的广告都是静态的，画面除非有超常的创意，否则不吸引人。如果能让平面动起来，广告必能脱颖而出。某护发素广告做出了尝试，装上超声波，地铁进站会激活装置播放视频，刚好出现风吹起模特头发的画面，给观众造成头发是地铁进站刮起的风吹起来的错觉，觉得画面中的模特活了。

中国品牌集体缺席世界杯

每一届世界杯都是各大品牌营销的良机，本届世界杯差不多被耐克和阿迪达斯两大品牌垄断，国内品牌集体缺席。有人归结为国内体育类品牌没有与足球相关的产品，而实际上它们大多不能算真正的体育品牌，为了迎合各个市场，并未坚定地定位于体育类品牌，在体育与休闲之间摇摆，无法给消费者一个清晰的认识。

欢乐童年

联想的变

杨元庆警惕过度解读互联网思维，联想坚持自主制造，
但事实是联想无时无刻地在变革。比如，为了贴近互
联网人群，推出小新笔记本品牌；茄子快传应用产品
用户无须注册登陆，尽显操作简单、分享快乐的互联
网产品特点。关键还有杨元庆的大部分意见并没有被
产品团队采纳，这也是一贯强势的杨元庆的改变。

微软也玩小清新

微软一款被腾讯封杀的智能聊天机器人，取名"小冰"，
与联想新推的电脑"小新"一样，名字都是拟人化风格。
这当然是时代使然，消费者从过去被动接受到今天的
主动选择，再大的品牌都得弯下腰来，和消费者进行
平等的互动。微软在移动互联网时代已经失去先机，
它必须做出有效的变革。

加菲猫

加法也是创新之法

中国茶叶的卖法和喝法往往是单一的，绿茶就是绿茶，红茶就是红茶，白茶就是白茶，一般不会混在一起出售和煮泡。其实每种茶叶都有其独到之处，如果有选择性的将几种茶混在一起饮用，可能更有利健康，口感也会不同。如果用这样的理念去卖茶，说不定会获得市场的认可。

苍井空出内衣品牌，意料之外又在情理之中

广东某内衣企业，为了想做一个有互联网基因的品牌，找到苍井空合作，推出女性内衣；学习雷军的饥饿营销，初战告捷。选择苍井空这样广受争议的人物是需要勇气和胆量的，但对会书法、有思想的女优苍井空，互联网其实是宽容的，这也是企业联合她推出品牌的机会所在。

米菲

苍井空内衣品牌健康发展需要注意的关键点

一、"让每寸美丽都经得起细节的考验"的宣言不能成为空洞的口号，而应成为设计制造产品的严格标准。

二、经营好苍井空个人品牌。苍井空是颇具争议的，厂商有两个选择，或是将她彻底往淑女转型，成为一个"好女人"；或是走好"有点情色的可爱女人"的钢丝。

诺基亚想活泼

诺基亚新推出一个广告系列："说实话，我要个性拒绝平庸"，"说实话，在哪儿办公我做主"，"说实话，先有保护再来玩儿酷"，"说实话，亲密无间就是步调一致"。画面简洁时尚，模特尽是帅哥美女，一改前些年老气横秋的形象，一派青春气息。现在大家可不吃老一套，贴近消费者才会受欢迎。

奇智奇思

制造麻烦也能成为好的公关题材

可口可乐美国新一轮公关活动，针对大学新生推出双人瓶，瓶盖经过特殊处理，只有找到相似瓶盖的"另一半"合作才能打开。可口可乐在新生报到现场销售这些可乐，旨在帮助新生更快地结识新朋友，更快地建立新友谊。在这一过程中，可口可乐也树立了贴近消费者的温情形象。

出其不意的鸡毛信

一长期做公益的小伙，在成都市多处公交站台粘贴"鸡毛信"，希望结识刘永好之女刘畅，感召其一起做公益。姑且不论是否会因占用公共资源做广告触犯法律，单就创意本身来讲有一定的启示：一是出其不意；二是发布量大，一定不能只挂几幅；三是反差大，一个普通人找四川首富的女儿，话题性足。

pas a pas

个性的背后是快速变化

特别庄重或小众化高端订制服装，一直坚持多年的传统形成独有的品牌文化尚是可行之道，但对于绝大部分针对普通消费者的服装品牌来说，如果还在梦想一款打天下，那基本可以判定其生存状态很危险。在资讯快速传播的背景下，消费者更加追求个性化，而个性的背后是布料及款式的快速更新。

任何王朝的没落都是因为固守成规，不肯变化

此王朝当然是指曾是中国三大红酒之一的王朝品牌。昔日光彩夺目的王者，现在业绩却大幅下滑，落寞无比。其根本原因在于僵化的体制造成了品牌老化，当越来越多的国内外品牌精彩登场时，王朝没有品牌重塑和再造，推出新的品牌系列。

英氏

恒大冰泉劲爆来袭，资本力量能否让品牌速成？

恒大加入已经白热化的"水仗"，来势凶猛，不可小觑。号称长白山"一处水源供全球"，定位高端叫板依云，但借用资本的力量和足球的影响力，是否真的能够让一个高端品牌速成？对渠道不加区分强推，是否会消解"高端"诉求，况且长白山的水源也并非恒大独占。

特斯拉开放专利，图谋行业领袖地位

以专利墙阻击对手和赚取高昂专利使用费是科技公司的铁律，但特斯拉突然放开电动车专利，震动业界。特斯拉当然不傻，它认识到自己的对手，首先不是其他汽车品牌，而是汽油汽车品类；电动汽车市场的发展需要更多的同盟推动，放开专利让行业共享，有助于其成为行业领袖。

樱桃小丸子

樱桃小丸子

找个对手掐架，高风险的营销高招

好看的影视剧，一定有正反两派人物，积极与消极两种情绪，只有对立才有矛盾冲突，有冲突才容易吸引观众。乔布斯设定的对手先是 IBM，后是微软，再是谷歌。挑战既需要勇气，更需要实力。如果你的产品真的能带来革命，那就去挑战一个强大的对手；前提是做好足够的准备。

重视图像化表达

如果一页 PPT 只有一句话或一个词组加上一张有冲击力的图片，一定比密密麻麻的文字更有感染力。乔布斯发布 Air 时，从信封里把娇小的笔记本拿出来这一简单的动作胜过千言万语。图像化表达的本质是追求简洁，但做到简洁很难。马克·吐温曾说过："如果有更多的时间，我想写更简短的故事。"

贝蒂娃娃

跨界的嫁接

创新似乎高深莫测，其实也有规律可循，把看似不相关的物体放在一起找到某种可能性，或许就是伟大的创意。比如，新西兰奥克兰市有一家"红杉树餐厅"，在一棵高达 40 米的红杉树上搭建了一个形似蝶蛹的餐厅。餐厅和大树，看似八竿子打不着，却可以组成一个独特的"树上的餐厅"。

销售的本质是人性

对于刚需楼盘的营销，一般的思维是既然是刚需，售价不高，那么营销就没有必要做得那么有品位，"高大上"不适合。这只能算初级水准，事实上，刚需的消费群体是一个虚荣心最强的一个阶层，一套房子对他们太重要了，他们很渴望自己的能力被证明，因此，可用以豪宅的营销品位拉升项目价值。

卡宝猴

可感知、能想象的语言才有力量

"极致三房，户户全明"与"三房朝南，推窗见景"
哪个更有冲击力，让人能迅速记住？当然是后者，"极
致"看上去是说明房子很好，但空洞而很难让人感知。
后者的"朝南"，有清晰的方位指向，"推窗见景"
动作化产生情景化，让人有身临其境之感，"户户全明"
的意思也自然包含在内了。

DQ

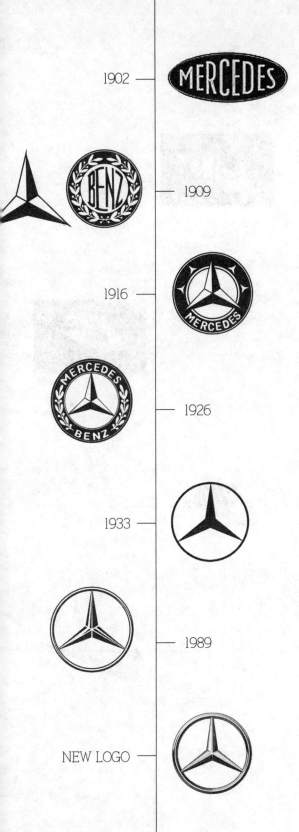

1902

1909

1916

1926

1933

1989

NEW LOGO

奔驰

梅赛德斯－奔驰（Mercedes-
Benz）是世界著名的德国汽
车品牌。被誉为"汽车的发
明者"。1886年1月，卡尔·本
茨发明了世界上第一辆三轮
汽车，获得专利（专利号：
DRP 37435），与此同时，
奔驰的另一位创始人戈特利
布·戴姆勒发明了世界上第
一辆四轮汽车。从此，世界
发生了改变。1926年6月，
戴姆勒公司与奔驰公司合并
成立了戴姆勒－奔驰汽车公
司，以梅赛德斯－奔驰命名
的汽车，以高质量、高性能
的汽车产品闻名于世。除了
高档豪华轿车外，奔驰公司
还是世界上最著名的大客车
和重型载重汽车的生产厂家。

耐克

NIKE 是全球著名的体育运动品牌，英文原意指希腊胜利女神，中文译为耐克。

公司总部位于美国俄勒冈州 Beaverton。公司生产的体育用品包罗万象，例如服装、鞋类、运动器材等。

耐克商标图案是个小钩子。耐克一直将激励全世界的每一位运动员并为其献上最好的产品视为光荣的任务。耐克首创的气垫技术给体育界带来了一场革命。运用这项技术制造出的运动鞋可以很好地保护运动员的膝盖。在其在作剧烈运动落地时减小对膝盖的影响。

1971

1978

1985

NEW LOGO

代表某品类，成为领先者

　　品牌在消费者心目中等于什么，或者是什么的代名词，基本会决定品牌的命运。方太近二十年来，一直专注于厨房电器，扎扎实实地构建自己的核心竞争力，定位高端，只做嵌入式的精品厨电，而不做普通的厨电。它现在推出的广告语是"中国卖得更好的高端吸油烟机，不是洋品牌，而是方太，因为方太更专业"。它力图将"高端厨电专家和领导者"与自己画等号，成为它的代名词。

　　杭萧钢构专注钢构三十年，参编和主编了 30 余本国家、地方和行业规范，获得了 200 余项国家专利，在厂房钢结构、高层钢结构和住宅钢结构方面，都是行业的推动者和引领者。因此，它就与"工业化绿色建筑集成专家与领导者"、"钢结构住宅产业化推动者和领导者"画上等号，是工业化绿色建筑和钢结构住宅的代名词。

如果一个品牌能够等于一个细分市场，它必能获得成功，如果能够等于一个行业，那它就能获得巨大成功。万郡房产专注于钢结构绿色住宅的开发，尽管与万科等行业大佬相比，它是后来者，但因为它等于更绿色、更安全、更经济的钢结构住宅，未来将迎来巨大的发展机遇。奔驰等于乘坐舒适，宝马等于驾驶乐趣，沃尔沃等于安全，所以，在过去的汽车版图中都占据重要地位；后起之秀特斯拉等于电动汽车，谷歌汽车等于无人驾驶汽车，它们的前途也将无可限量。

消费者心目中一旦形成了品牌等于什么的等式，要想撤销就很麻烦，霸王等于洗发水，结果开发凉茶就惨败；太极等于药品，开发凉茶，估计难有市场；康师傅等于食品，如果去开发尿不湿，估计也会滞销。

天空之城，天大的空话抑或空城？

去年远大可建高调宣称将建世界第一高楼，现工地却悄无声息，爬满西瓜藤。如此重大的项目在兴师动众开工时却连一些基本的手续都没有办，让人很难不做出炒作的猜想。棉花、房子可以炒，唯独这个号称居住十万人的天空之城不能炒，短暂的知名后即是广泛的质疑，得不偿失。

理性与贷款有必然关系？

面对质疑，远大的张跃在文章中称，远大自 1995 年以来就不贷款，"不贷款表明远大是理性公司"，事实上他想表达的是远大是诚信的公司，不是吹牛皮。不过，贷不贷款与理性与否没有必然关系，更与诚信与否没有必然关系，甚至和实力也没有必然的关系。公关说辞要有基本的逻辑。

许府牛

互联网时代，领先一步很可能就是步步领先

腾讯整出了个微信，阿里巴巴的"来往"根本不是对手；阿里巴巴有数不胜数的实名客户，却玩不出社交花样；腾讯有强大的社区网络，也弄不出像样的网上商城。这既有领先者抢占优质资源占尽先机的原因，更有品牌规律的力量：品类的开创者更易成为品类的代表品牌。

快，只能推出产品，做不出品牌

乌拉圭对阵意大利，苏亚雷斯用牙撞了球员，"咬人"成为球迷的热门话题。除了看热闹外有人将这一形象做成开瓶器准备售卖。这当然是个创意，会有一定销量，但它只能停留在产品层面，世界杯一结束，咬人事件就会淡出人们的大脑，产品极可能不复存在，更不要说成为品牌了。

一食三客

什么叫一俗到底？

脑白金广告走的是极俗路线，卡通老人的形象，俗气而雷同的广告词，一遍遍轰炸，挑战着人们的容忍底线。伴随着俗不可耐的广告是脑白金业绩的持续增长。但这一方法并不可轻易模仿，因为它的成功基于：坚持一个风格、坚持十年、大手笔投入。这三个要素缺一不可，否则必败无疑。

不自我革命，成绩就是包袱

诺基亚发明了智能手机技术，但躺在传统手机的成功上不愿变革，把专利卖给了苹果，苹果掀起的智能手机风潮迅速干掉诺基亚；创造了特丽珑神话的索尼，却对 CRT 和等离子电视恋恋不舍，结果连续十年巨亏；柯达发明了数码成像技术，却没有坚决地转向数码，不得不面临没落的命运。

罗莎蛋糕

人性化是产品创新必须遵循的铁律

产品进化和分化（或颠覆性创新）都必须遵循人性化
原则，符合人性中追求"方便、舒适、美好"等特点。
比如，只要轻轻地摁，高跟鞋的高跟就可以缩回去，
变成平底鞋，是不是很方便？茶叶包用纸做成蝴蝶状，
泡茶的时候卡在茶杯口，像挂钩一样挂着茶叶包，既
卫生又养眼。

互联网加速去中介化

各类大型平台电商的崛起，将使很多中介类行业没落
或者消失。曾经的大型商超，与制造企业相比离消费
者更近而有更大的商业机会，生产商特别是中小生产
商相对弱势。但，时移势易，今天我们可以随时随地
通过网络和生产商直接对接，传统的供应链发生重大
变化，一些兴起，一些衰落。

味千拉面

品牌成功的两大支点：
一是对大势的把握，二是练好内功

当下宏观经济仍是冬天，很多缺乏对社会经济发展趋势准确把握的品牌或倒闭或苦苦支撑。如何顺利过冬？任何品牌都要具备强烈的忧患意识，平时练好内功。只要自身强健了，在寒冷的冬天才不至于被饿死、冻死。一旦春暖花开，活下来的就有更大的市场。

广告大片原来可以这样拍

《变形金刚4》在中国热播，票房直追《阿凡达》，与票房同步增长的还有植入的广告数量，《变形金刚4》广告从《变形金刚3》的10个增加到28个，被吐槽为"一部披着科幻外衣的广告大片"。大品牌不会因一笔不菲的赞助费伤筋骨，但中小品牌犯不着为了一晃而过的存在傍大款，投入产出实在不划算。

绝味

谁会是汽车行业的诺基亚

任何一个品类的品牌必须要有自我变革的内生动力，必要时甚至不惜壮士断腕以获重生。手机行业老大诺基亚不思变革而衰落，汽车行业是否也有一些固执的守旧者？传统汽车品牌都认为电动是趋势，但步子都不大，反而是外来闯入者特斯拉掀起新风潮，雷军的"绿豆"电动汽车也已成形。

你的广告符合广告的基本精神吗？

尽管社会化媒介对传统广告产生了深远的影响，今天的传播理念、渠道和策略都与过去有很大的差异。但不可否认，在很多行业中，广告仍旧起着重要的作用。只是，我们可能被各种新概念弄昏了头，喜欢玩新花样，很多广告看了没留下印象，要么没有看懂，要么极平淡，看了等于没看。

百威啤酒

营销支点的换位：从卖点到买点

传统营销理论大多从提炼产品的卖点出发，建构所有的营销行为，包括客群分析、营销策略、公关诉求等等。但提炼卖点的实质是一厢情愿的自说自话，消费者能否买账是未知数。今天的营销支点必须换位，一切从消费者需要的"买点"出发设计产品、提炼卖点和制定策略。

从政经名人频繁落马看个人品牌的两大根基

无论从事什么职业，无论是政治人物、经济领袖，还是娱乐明星、普通百姓，有意或无意间都在树立着自己的个人品牌，而道德与法律则是个人品牌的两大根基，不可或缺。再响亮的名声、再光鲜的称号，如果触碰了道德和法律底线，都要完蛋，只是时间早晚的问题。

芬达

片名不好，票房损失至少过亿（一）

四年前微电影《老男孩》走红网络，筷子兄弟人气高涨，四年后推出大电影《老男孩猛龙过江》。片中的筷子兄弟为追求梦想历经千辛万苦到美国参加选秀，阴差阳错卷入黑帮，引发一串搞笑、荒诞、跌宕起伏的故事。尽管情节安排上前后有些突兀，衔接不够流畅，但作为一部娱乐片，的确好看。

片名不好，票房损失至少过亿（二）

相较《致青春》和《泰囧》，此电影情节更有峰回路转、柳暗花明的意外惊喜，有美女和恋情，有励志和奋斗，且喜剧元素更多，有假戏真做的黑帮打斗，有京剧和现代歌曲的杂糅，但片名明显没有前面一部更吸引人，对不熟悉网络剧的观众来说，本片名并没有打动人的核心卖点。

纽崔莱

"所有网上资源给电商公司"

这是万达王健林内部讲话，"不是要求，而是纪律"。由此可见，曾经和马云就电商的问题打赌的王健林对电商的重视程度。万达不动产、文化旅游、金融、零售四大板块业务聚集了众多客户，如果电商板块能做起来则可以成为一个整合者，挖掘四大板块现成的资源，使其价值最大化。

台风来了，飞起来的猪可能很快掉下来

雷军有一句名言"台风来了，猪都会飞"，被中国企业界人士广泛引用，成为近两年最经典的"语录"。追逐潮流没错，练好内功才是关键。赶上台风口，猪是可以飞起来，但是如果猪没有练好飞的本领，很快就会掉下来，小则摔成重伤，成为残废，大则一命呜呼，魂归西天。

克莉丝汀

涂鸦也能涂出大名堂

街头涂鸦曾被视为乱写乱画，有碍观瞻，成为低俗文化甚至是非法政治诉求的载体。但如果用心，涂鸦也能涂出品位。涂鸦者有在苏富比举办个展，有为路易威登设计手袋，有为雪碧涂鸦广告。更有人成立涂鸦出版公司，精选涂鸦作品，发行专业杂志，甚至想把出版公司变成一个特殊的品牌。

机会是机会主义者的墓志铭

锤子手机被罗永浩捧上天，但刚一发售投诉就接二连三，看来，其品质并非像他所宣称的那样好。罗永浩大胆嘲笑："雷军太土、黄章太笨、乔布斯也就那么回事"，下一个被无情嘲笑的会是他自己吗？移动互联带来手机市场的大机会，但如果没有做好准备，机会主义就要"注意机会"。

悠哈

户外广告创新：从平面迈向立体

某口腔护理产品的户外广告是这样的：一名男子用牙齿咬住广告牌的一角使劲地往外掀起画面，露出自己洁白的牙齿的同时也露出画面背后的钢管支架，画面一角只有一个品牌名称。整幅广告简洁之极，没有炫目的色彩、夸张的语言，但瞬间就成为焦点，让人过目不忘，记住这一品牌。

找准对象需求，才能击中人心

某楼盘地处开发区周边，定位刚需，很大部分潜在房客是开发区外来工作的管理人员和外来务工蓝领家庭。能在城里买房安家是他们最大的梦想，是倍感荣耀的事。抓住这点，走进企业搞团购，针对这个人群重点诉求："荣归故里，不如住在这里"。

品客

品牌真正的支点在于
客户实实在在感受到的价值

"30 岁的人 60 岁的心脏"，"地球人都知道"，"谁用谁知道"，"要干更要肝"等广告语，耳熟能详，妇孺皆知，但似乎并不清楚究竟是些什么品牌，能带来什么独特的价值。看似有创意，其实没用处。烟消云散，无影无踪就是它们必然的命运。

规避肖像侵权的奇招

知识产权保护越来越受到重视，营销推广时奉行的"拿来主义"越来越行不通。但只要用心，机会总会有。某品牌根据益智健脑的诉求，主打智慧牌，因此选择拥有超级大脑的爱因斯坦作为形象代言人。爱因斯坦当然找不到，找一个模特化妆成他的样子拍成照片，既没有法律风险，成本还很低。

可可宝贝

云南白药似乎吃错药

两年前广州某医生发了一条微博提到云南白药使用不当导致毁容的案例，两年后云南白药向云南警方举报，云南警方以该医生涉嫌侵犯商誉对其实施跨省"抓捕"。医生并非恶意造谣，似无过错，但云南白药却用警察抓人，无疑给人以仗势欺人的印象，结果是自己抹黑自己。

企业变革，是激进还是渐近

这是一个新概念层出不穷的时代，管理领域，伴随着各路大师辈出，理念也不断推陈出新。但有的却是伪新思想，比如"执行力""蓝海战略"等，只是新瓶装旧酒而已。面对一些看上去挺好但尚无法验证的新理念，还是"摸着石头过河"比较好，可以先搞一个试验田，成功后再大面积推广。

TOTO 卫浴

试着接纳"危险"的创意

当五花八门的媒介充斥着每个角落的空间，普通的创意再很难吸引眼球。创意工作者唯一要做的就是突破常规。而客户也要转变观念，敢于打破长期形成的习惯性思维，接纳一些离经叛道甚至是危险的想法。传统正在转型，旧的观念和操作方式正在受到冲击，勇敢面对变革则意味着机会。

青菜炒肉丝，肉加多了不一定就好

青菜炒肉丝，放了很多肉，口感不一定好；炖一只鸡，如果只有鸡肉而没有其他配料，食客未必喜欢。这给产品规划设计带来的启示是：一、认清当下时代很重要，大鱼大肉已不受欢迎；二、认清对象很重要，普遍营养过剩；三、产品配置必须注意各要素的均衡性，形成整体的好体验。

阿诗丹顿

《后会无期》与有道词典的化学反应

韩寒导演作品《后会无期》还未上映，宣传就已紧锣密鼓全面展开，心思甚至动到了有道词典上。有道聚集着 4 亿爱学英语的用户，这也是主力的观影人群，共同的用户群把似乎毫不相干的两者连接起来，开机页显示、专属每日一句、首映抢票等活动应接不暇，《后会无期》真的营销有道。

一块钢板的艺术

一块钢板本无稀奇，但在艺术家手里却能玩出花样。比如小米 4 手机发布会，钢板居然做成了请柬，摇身一变为艺术品。同时，还别出心裁指出是"奥氏体304"钢板，向消费者普及了一下材料学，高深的专有名词似乎让产品变得高大上。这是精彩的创意之举还是故弄玄虚？各人自去领会。

恒洁卫浴

CISCO

思科

思科公司是全球领先的网络解决方案供应商。Cisco 的名字取自 San Francisco（旧金山），那里有座闻名世界的金门大桥。可以说，依靠自身的技术和对网络经济模式的深刻理解，思科成为了网络应用的成功实践者之一。与此同时思科正在致力于为无数的企业构筑网络间畅通无阻的"桥梁"，并用自己敏锐的洞察力、丰富的行业经验、先进的技术，帮助企业把网络应用转化为战略性的资产，充分挖掘网络的能量，获得竞争的优势。

OLD LOGO

NEW LOGO

一切皆人性，用人性抓人心

产品的本质是满足人性需要，营销的本质是强化人性需求。因为懒惰，外卖诞生；因为虚荣，奢侈品畅销；因为担心肥胖，瘦身产品大卖。

汉堡王推出一项活动，怂恿顾客删除 10 个 Facebook 好友以获得一个免费汉堡，并将名单展示在自己的 Facebook 首页。这表面上是利用了人性的恶作剧心理和猎奇心态，背后是贪图小便宜的人性弱点。尽管朋友情义无价，但线上的朋友很大一部分是没有价值的，而被删掉者还会因为"被伤害"却对汉堡王记忆更深刻。

演艺界明星担心过气，时不时都会有意无意发布点儿绯闻，曝光点儿隐私，以唤起关注。库克在 iphone6 发布前夕出柜，勇敢地承认自己是同性恋，不知道是不是向演艺明星们学习的招数。按常规，商界领袖个人隐私公开也需要集体讨论，不可能是库克偶然说漏嘴。一直以来苹果营销真的很懂人性。

借势打擦边球

营销上长时间高密度轰炸，可以获得高曝光率，但代价往往不菲，非一般企业玩得起。但借势打擦边球，说不定能成功偷袭。比如雪花啤酒在南非世界杯期间诉求"雪花啤酒，啤酒爱好者的正式合作伙伴"，加上其他媒体的投入强化，让人误以为它就是官方合作伙伴，"阳谋"得逞。

宝洁也做减法

宝洁公司新近表示，将削减旗下品牌数量，保持70-80个品牌，其余100多个将会被砍掉，前者销量占宝洁公司年营收的90%，利润贡献超95%。全球最大的日化公司大力做减法，而国内企业普遍喜欢做加法，在规模尚小之时就横跨多领域（最要命的还用同一个品牌名称），其竞争力如何可想而知。

沙漠绿洲漆

七夕促销欠新意

农历七月初七是"中国情人节"，商家们大都会想主意做促销，但无非玫瑰花之类的老一套，鲜见有创新者。其实，牛郎织女的故事本是悲剧，今日相见，明日只能隔银河泪眼相望。还不如换一种诉求，比如"我们不过七夕节，我们天天在一起"，有新意才有吸引力。

大格局需要大策划

泰国宣布将建设两条高铁与中国高铁相连。中国铁路部门表示，中国将建一条从昆明到新加坡的高铁，经过老挝、泰国和马来西亚。此高铁建成后，中国与东南亚国家间的合作将更加广泛、深入。这是战略性大策划，或永久性改变东南亚的政经格局，昆明将成为大湄公河区域中心，中国元素越来越重要。

升达地板

购自己的物，让别人埋单去

世界之大，无奇不有，商业微创新也层出不穷，比如网购埋单。日本某内衣品牌推出"撒娇"模式，女性看中产品填上自己的地址，系统会自动发给男友，男友可以选择支付或不支付。这样的模式，女性购物基本不用考虑就会下手，而有胆不支付的男友一定是少数，促销效果自然好。

品牌想偷懒，只能懒一时

小米员工微博爆料，称与来小米应聘的诺基亚员工聊天得知，诺基亚薪水高假期多，工作少基本不干活儿。诺基亚衰落，从不同角度解读会有不同的原因，但不求上进、没有积极进取的文化和制度设计是其中重要的原因。在技术和市场日新月异、瞬息万变的当下，必须时刻保持警醒。

圣象木门

着眼宏观，着手微观，冬天也是春天

今年的博鳌房产论坛，主题为"下行通道中的房地产"，各路大神观点不一。行业发展当然应该着眼宏观，但宏观的改变并非企业所能左右，企业能够着手的是微观，在下行态势中找到上升的通道。比如通过股权并购低成本占有资源，更精准地研究项目定位而非粗放式管理等。

规模不是竞争力，好产品才是终极武器

联想集团 CEO 杨元庆在内部沟通会上表示，希望借助新业务实现营销 1000 亿美元的目标。这是一个让人激动的数字，但规模并不一定就代表着竞争力，很多曾经的行业老大都灰飞烟灭，不知所踪。不断自我否定，不断革新突破，推出让人尖叫的产品才是长葆青春活力的秘方。

阳光林森

行为艺术可以成为行为广告

行为艺术的几个特征：一是个人或一群人在公开场合表演；二是夸张离奇，不符常理；三是需要不多甚至不需要背景和道具，就只靠行为本身；四是成本很低但吸引眼球，效果好；五是行为本身和品牌所倡导的理念要有交集。陈光标的码钞票墙、砸奔驰车等活动都可以归为行为广告。

挖掘易被忽视的地块价值元素

房产开发大多重视地段、交通等显而易见的优势，一些具有重要价值的隐性元素却很难受到关注，比如地块中原有的树木、石桥等。这些看似普通的物体，因为承载了本地的历史，经历过岁月的沧桑，如果妥善保留下来，既让拆迁后的地块文脉得以保存，还可以节省一笔景观费用。

安信地板

下一个镜头才会更好

建筑摄影与其他摄影不同，不能给建筑化妆，不能人为改变光线。想要利用老天爷给出的固定条件，拍出更大的气势，更好的面貌，就一定要有一种永不满足的理念，用脚板去丈量，用大脑去思考，总想着下一个镜头才更好，就会找到更好的角度和构图。摄影如此，做其他任何事也是如此。

地产公司往价值链前端延伸

一百年前美国就有先修路再建房的模式。当过了房子只要建起来就能很快卖掉的时代，中国的开发商也开始琢磨起这一思路，比如港铁就是建地铁的同时开发地铁上及沿线物业，或租或售。现在，老是建第一高楼的绿地集团也加入这一行列，本质是通过地铁提高区域价值，从而获得物业溢价。

大自然地板

换一个地方其实是换一种思路

俩盗贼利用迷药盗走了巨款，警方的画像专家画出了犯罪嫌疑人的相貌，到火车站等地张贴，但没有人认识。后来，把画像张贴到监狱，那帮犯人马上乐了：报告：我认得他们。常规思路是找到更多的人辨认，成功率高，新的思路是找到认识他们概率最高的人群。

不拘一格做餐厅

为标新立异，有用水泥做成飞机模样的餐厅；也有用真飞机改装成的餐厅，比如新西兰某地的一家麦当劳；上海浦东推出"空中餐厅"，将餐桌吊到50米高空；更有在红杉树上筑巢而成树屋餐厅。

鸿派照明

刘强东的"甘蔗理论"

京东物流战略是其最核心的竞争优势之一，他的"甘蔗理论"简言之是指某产业链的利润平均地分布在各个环节中，如要获取更多利润，就得占据更多环节。不过，其战线不能过长，平台商尽量不干品牌商的事，不要上溯去自建品牌，而是聚焦于平台商的营销、宣传、仓储、配送和服务等。

高档次的产品需要性能和品牌文化作支撑

海鸥发布了双反数码相机CM9，在几乎全是单反的江湖里别具一格，可惜并未产生不同凡响。遍地单反的市场里出现复古双反数码的确很高调，但高档货不是搞出个样子来就行，它既需要卓越的技术指标，更需要够格的品牌文化，这两点海鸥都有欠缺。

金意陶

海鸥相机发布会由赵忠祥主持妥么？

海鸥搞出盛大的新产品发布会，选址人民大会堂；在上海最大的摄影市场也同时发布新品，"著名主持人赵忠祥倾力上阵"。选择赵忠祥，或是因为其名气，也是看重他的粉丝与老海鸥用户重叠。但海鸥此番复出，更应传达新技术、新时尚的品牌文化，争取更多的年轻人，而不是老面孔。

海鸥相机的产品策略建议（一）

海鸥曾是中国的名牌相机，代表着中国照相产业的最高水平，但后来在欧洲特别是日本相机的冲击下，渐渐失势。海鸥复兴之路任重道远，群雄逐鹿多年，各品牌势力范围早已划就，现代相机相关的技术非常复杂，海鸥无法全面展开研发，也不宜推出投影这些与照相关系不大的边缘技术。

马可波罗文化陶瓷

海鸥相机的产品策略建议（二）

边缘技术拍摄（照片和视频）技术完善到一定阶段后，
再附加上边缘技术才会锦上添花，否则就是白费力气，
不会给产品加分。海鸥宜以提升画质作为研发的核心
（甚至连拍速度等都可以暂不考虑），这是相机最核
心的价值，也是消费者购买相机最核心的需求。

海鸥相机的产品策略建议（三）

除了聚焦于画质的研发战略，在产品规划方面也不宜
多头出击。比如首先确立双反和单反两个系列：双反
走复古路线，采用定焦镜头，以画质作为核心诉求，
消费者定位文青和有海鸥情结者；单反系列完全走时
尚路线，以时尚炫酷的外观和低价格作为诉求，性价
比最优也是好定位。

米兰墙纸

Google 认为广告业将面临三大重构

一是重构内容，社交媒体及视频等正在改变内容的生产、传播及互动方式，受众从被动接受变为主动传播，甚至参与内容的生产；二是重构互联，电视、手机、平板和电脑等屏幕的互联将拓展到汽车、智能家居等设备上；三是广告重构，内容需更有吸引力，形式需有更强的互动性。

全民经纪人模式动了谁的奶酪?

西安万科推出全民经纪人模式，小试锋芒就获得不菲业绩。但立即招来中介代理公司的炮轰，认为这是"挖别人墙脚，是对其合作的中介和代理公司极大不尊重"。在买方市场下的房地产公司创新营销模式无可厚非，中介代理公司应该反思如何适应这一变化而不是抱怨与指责。

欧琳

恶搞自己，娱乐他人

旨在唤起全社会对"渐冻人"关注的冰桶挑战公益活动一下子火了，一桶水从美国浇到全球，从比尔·盖茨浇到普通大众。此活动颇具新意，让人惊叹"公益还可以这样搞"，或许面对世界的医学难题，捐出一定金钱的意义远不如引发强烈关注、促进相关科研进步，从根本上改变患者命运来得更重要。

自找麻烦让品牌持续焕发活力

美国某顶级健身品牌推行无合约政策和退款保证，完全颠覆行业"拉长合约期，尽量不退款"的传统模式。其创始人的理由是，传统模式只保证了企业的利益而忽视顾客的好处，并没有真正体现对顾客的关照。同时，无合约则激发教练们拼命创新以留住顾客，从而创造更佳的顾客关系。

凯盛家纺

什么是极致品牌策略？

打造品牌的策略数不胜数，但归根结底是靠发自内心的责任感，做出让客户感觉满意的产品，提供让客户忍不住"尖叫"的服务。迪拜某酒店，一个服务员偶然听到一个顾客抱怨自己的妻子因为坐着轮椅而无法去海滩，第二天酒店就为他们搭建了去海滩的通道。一切皆从心，方为无上法。

战略选择：两个极端，大小皆宜

美国有两家餐厅，经营方略迥异，但生意同好。一家汉堡品牌很少宣传，菜品单一，扩张很慢，且最有名的菜单居然不为一般顾客所知，只有忠实粉丝才可享用，但追捧者众；另一家连锁餐厅，供应多达 250 种餐品，且违背一般规律提供充足的卡路里，但迎合了美国人求大的心理。

时代电器

将一个优点强化到极致，品牌自将与众不同

Jamba 果汁以"新鲜"为核心诉求，每家店都是明亮的黄色装饰，店里堆出新鲜的水果，引发顾客将新鲜水果与新鲜果汁两者进行最直接的心理联接，从而强化"新鲜"这一概念。营销上我们有一个误区，都想讲出产品更多的好处，但往往是说得很多，顾客听进去的很少。

越简单，越清晰，才越有力

今年七月份中国智能手机三星出货量被小米赶超，资深老大被迫让位后辈新手。三星一个品牌统领所有产业和产品并非好策略，仅以手机为例，哪一个普通消费者说得清楚它究竟有多少款？小米只有红米一个兄弟，它想卖给谁，谁会来买它，买卖双方都很清晰，这年头，谁愿意花钱还费脑筋？

维达

跑马圈地，扛着"红旗"未必好

国产操作系统从市场和安全角度来看都是有必要大力发展的，以打破苹果、微软和谷歌的垄断地位。红旗桌面操作系统是国产的代表，刚刚被中科红旗卖给了大连一家企业。如果红旗真想有所作为，除了技术提升外，品牌名称也宜更改，其所隐含的政治意味，国内外的消费者未必喜欢。

日本金刚组是现存历史最悠久的品牌

日本金刚组是现存历史最悠久的品牌，至今已存活1400多年，自创立后就一直信奉"职人技"和"匠的精神"，以精湛的技法专注于寺庙建筑的修建。但在前一轮日本地产泡沫中，金刚组没有抵制住诱惑，大量购买土地而致债务缠身，最终被迫出卖，幸运的是新领导人的方针是重回原点，专注于寺庙建设。

我乐厨柜

从城市病的根源看房产未来

城市病的根源在于规划和管理，东京的降雨量是世界平均降雨量的一倍，但很少发生内涝，原因之一是它的地下管道直径高达 8.5 米，远比国内的要宽。大城市其实是资源利用最大化的人居形态，这是房价涨跌的基本价值判断，因此未来的大城市规模必将越来越大，房价会怎么样就不难想象。

移动互联网的营销关键

当下谁占领移动终端谁就掌握了主动权，这已是无可争辩的共识。但需要符合一些基本的判断。一是精准地找到你的目标客户群最常出没的场所；二是用好玩的手法引起他们的兴趣；三是依然需要和培育传统市场客户一样耐心；四是将各个营销渠道有机整合。

志邦厨柜

让玩法好玩

近两年很火爆的电影大多不是资深大咖的作品，要么是演员兼职（赵薇的《致青春》），要么是作家玩票（郭敬明的《小时代》，韩寒的《后会无期》），弄得第五代大导演们都不敢轻易出手。《江南Stlye》红遍全球，《小苹果》传唱大江南北，其背后逻辑是：时代变了，玩法变了，什么好玩才最重要。

巴尔卡顿

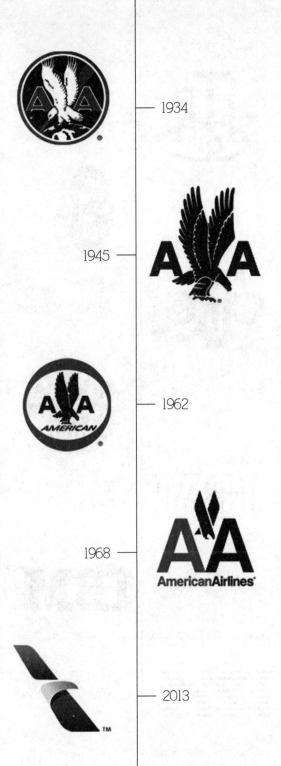

1934

1945

1962

1968

2013

美国航空

美国航空中心（American Airlines）作为寰宇一家的创始成员之一，是世界最大的航空公司。联合旗下附属美鹰航空和美国连接，美国航空遍布 260 余个通航城市。

美国航空致力提供卓越的全球飞行体验，公司共飞往 50 多个国家和地区的 260 多个城市，有近 100 条国际航线。美国航空的机队由近 900 架飞机组成，每日从芝加哥、达拉斯、沃斯堡、洛杉矶、迈阿密和纽约五大枢纽起飞的航班超过 3,500 个班次。

IBM

IBM（国际商业机器公司）或万国商业机器公司，简称 IBM（International Business Machines Corporation）。总公司在纽约州阿蒙克市，1911 年托马斯·沃森创立于美国，是全球最大的信息技术和业务解决方案公司，拥有全球雇员 30 多万人，业务遍及 160 多个国家和地区。

该公司创立时的主要业务为商用打字机，后转为文字处理机，然后到计算机和有关服务，2011 年 IBM 在中韩两国行贿被罚 1000 万美元。2013 年 9 月 19 日，IBM 收购了英国商业软件厂商 Daeja Image Systems，打算将其并入软件集团和企业内容管理（ECM）业务。2014 年 1 月 9 日，IBM 宣布斥资 10 亿美元组建新部门，负责公司最新电脑系统 Watson。

1888

1891

1911

1924

1947

1956

1972

对立才能树立，南辕可以北辙

肯德基的标志是年迈的桑德斯上校，真功夫就设计了一个貌似李小龙的青年，一个正值壮年的武林高手，当然干得过老态龙钟的老人；肯德基开了一家新店，真功夫就在隔壁开一家；肯德基以油炸为主，真功夫就诉求"营养还是蒸的好"；肯德基推出营养早餐，真功夫就说"欢迎肯德基加入营养快餐的行列"。

差异化是品牌的本质之一，非此即彼非黑即白的完全对立，是品牌快速树立的最优法则之一。如果人云亦云，将会毫无个性可言，只能成为无奈的追随者。当全世界涌现出越来越多的品牌，人们被五光十色的品牌包围之时，无印良品反其道而行，推出没有标志的衣服和家用品，它刻意把产品做得朴素无华、简单实用，"无品牌"的品牌却大受欢迎，迅速成为百货明星。

对立策略成功实施的前提是找到对手的战略性弱点，而战略性弱点就藏在其战略性优点的背后，当你攻击它时，它无法进行还击。比如百事可乐定位是"年轻一代的可乐"，以经典可口可乐自居的可口可乐无法还击；真功夫说"营养还是蒸的好"，肯德基也无还手之力。

商业运作不应学表面，而是学背后逻辑

东施效颦、邯郸学步，为什么不成功反遭笑话，就是因为没有学本质，只是形式上亦步亦趋。苹果品牌诞生后，全世界都在学它，但苹果不是一天长大的，乔布斯也不是一天炼成的。现在大家一窝蜂学雷军，问题是雷军大一写的程序大二就编成了教材，后创办金山，做过风投，你有他这些经历吗？

ipad 不是凭空掉下来的

乔布斯回归后推出的 ipod，以其简洁的设计风格和海量存储俘获了消费者的心；ipod 加上一小块屏幕就成为 iPod Touch 雏形；再在上面加上通讯功能，就华丽变身为 iPhone，屏幕再变大就成了 ipad。每一步的进化，都在累积经验，只学别人的结果没用，学习结果是如何被创造出来的才有意义。

小天鹅

夸张、荒诞、搞笑，病毒传播之有效法则

一则由胡戈导演的 MANN 手机广告，极尽夸张搞怪之能事。成都小吃店的一送餐员，历经偏僻乡村、崇山峻岭、浩瀚沙漠、激湍河流、热带丛林、冰天雪地，最后驾着小木船漂洋过海，将餐送到迪拜的老外手中。此时的送餐员已是野人状态，但手里握着 MANN 手机报着平安。

会说话的月饼

曾几何时，"华丽"包装下的月饼市场营销基本没有发过愁。但此一时彼一时，现在月饼市场发生了根本性变化，朴素化后还难卖。某品牌月饼推出一项服务，顾客扫描包装盒上的二维码可以录制一段祝福视频，客人收到后可以输入编码查看。这一招让人耳目一新，其实质是回归送月饼的本质：送祝福。

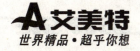

艾美特

杰克逊成功的"20 秒法则"

超级流行音乐之王迈克尔·杰克逊在迈上成功快车道之前，有高人指点他音乐吸引人的首要法则：一首成功的曲子必须在前 20 秒就能吸引听众，否则就是失败之作。后来杰克逊在他的音乐生涯中都贯彻着这一"20 秒法则"，在成为无法被超越的终极偶像的同时，也取得了商业上的巨大成功。

电子消费产品应加速时尚化步伐

可穿戴产品或掀起下一波消费热潮，更好的技术所营造的"好用"感很重要，但好看有品位也很重要。今天技术同质化很快，产品的属性、承载品牌文化内蕴的外表气质或许才能构成真正的竞争力。时尚化的趋势符合所有产品的开发原则。

Bose 博士

着力营造商业街区的参与感

天津某街区委托国外大牌公司主刀设计，建筑看上去很有范，尽管地段不错却没有高人气，其中一个重要的原因是忽视了街区游人的参与感。商业街区的建筑有型很重要，但更重要的是让游客能驻足停留，能够参与进来。比如南宋御街上的老自行车、四世同堂的雕塑，人们看了就想与之互动、合影。

削产销量，要做到点子上

王晓秋刚一执掌上汽乘用车帅印就提出减少 6 万辆的计划，这既是整体环境不佳所迫，也是品牌建设遭遇瓶颈的结果。国产汽车品牌溢价很少，随着合资品牌价格下探，国产品牌的生存空间不断被压缩。除了减少产量，上汽更应该做的是优化品类结构，精准品牌定位、价值锻造和独特诉求。

LG

美国与中国隔着太平洋吗？

看横版世界地图，中美的确隔着太平洋，美国在中国的东边。换用竖版地图会发现美国在中国北面，两国相隔的是北冰洋，北京经北冰洋到纽约的距离为 1.1 万公里，比经太平洋的 1.9 万公里近 8000 公里。横着看与竖着看，世界完全不一样。还有多少事情可以换个角度看看？

从"我管理"到"我服务"

马云最近一次在清华大学演讲时表示：世界已经从信息技术走向数据技术，前者的视角是以自我为中心，方便我管理；而后者是以别人为主，支持别人，只有别人成功，自己才会成功。这个道理似乎并不新鲜，但知道者多践行者少。只不过，未来已来，每个人不管愿意与否都会被改变。

必胜客

何以解忧，唯有杜康；杜康有忧，何以化解？

杜康业绩大幅下滑，雄心勃勃的百亿规划一时成为笑柄，根本原因是白酒黄金时代过去，产量严重过剩。直接原因是杜康品牌策略上的失误，有曹操撰写的"何以解忧，唯有杜康"的金字招牌，却没有充分利用；在没有成为河南首选白酒品牌时就急匆匆图谋全国布局，品牌同样需要像酒一样慢慢沉淀。

设计注意场景化

如果有两张海报，左侧是两只小狗的肖像，右侧是两个人的肖像，即便两幅作品都很经典，但放在一起就搞笑了；一排海报都是冷色，再来一张相同色调的海报，即使再精美也难引人注目，如果换一种暖色调就马上脱颖而出；在白酒包装一片暖色调的海洋中，洋河以蓝色出现，立刻与众不同。

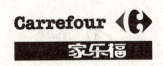

家乐福超市

动态数据的本质是什么？

很多新项目新品牌上市之前依惯例是要做市场调研的，其详尽的结果即便很真实，也不一定让决策者做出正确的判断，其原因在于这些数据是基于"过去"与"现在"的状况，是静态的，它无法清晰表达未来发展的趋势。所以，从细微端倪预判未来可能发生变化的动态数据更为重要。

培养反对者

军队为了训练，会有红蓝两军模拟实战，以发现问题提升战斗力。一家企业或一个品牌，如要想持久健康，也得让反对者能够反对，甚至反对得非常积极。反对者的价值是让问题以更多维度呈现，从而发现更多可能性。

Ray-Ban

雷朋眼镜

一封信也可以公关全球（一）

一个小女孩给谷歌写信为他的爸爸请假，她请求能不能给她的爸爸在某天放一天假，因为那天是她爸爸的生日。她爸爸的上司给她回复，鉴于她爸爸努力而出色的工作，决定让她爸爸休假一星期。简单的故事因为有温度而连同小女孩稚嫩的笔迹传遍全球，宣传效果毫不亚于大手笔制作。

一封信也可以公关全球（二）

谷歌凭着薄薄的两页信纸就完成了一次出色的公关活动，看似轻描淡写，实则举重若轻。看似简单的动作，其实需要极深厚的内功，不可轻易模仿，否则摔断筋骨后还没收获。因为谷歌的品牌大才能衬托小事件的大价值，且普通信件绝不会"纯属偶然"到了编辑手中，全球读者也是"被阅读"。

罗马假日

不要从自己的视角来评判马云

阿里巴巴在美上市，全美最大 IPO 诞生。一直以来围绕着马云的话题层出不穷，因绿城足球事件而被批不诚信，甚至有人断言阿里巴巴"五年内必倒"，也有感叹马云家庭不幸人生没有意义。其实，燕雀焉知鸿鹄之志，站在山脚看到的世界和站在山顶看到的世界完全不同。

京东加快时尚化步伐

苹果为让产品更时尚引进世界顶级奢侈品人才加盟，3C 起家的京东成为该领域第一品牌后向全品类平台商转型。随着服饰类产品的上架，京东加快了时尚化步伐，与《时尚芭莎》达成战略合作，引进设计师个人品牌，提供顾问式搭配指导，希望顾客更好地"感受时尚、体验时尚、选择时尚"。

博士伦

善用外溢性价值

外溢性价值是一个经济学词汇，意即在某一领域掌握核心资源者容易在其他一个或多个领域产生外溢性影响，从而产生相应的价值。比如体操王子李宁退役后做服装，姚明做红酒搞投资。这里有两个要点：一是在某一领域成为最拔尖者才具有更大的势能；二是外溢性价值最大化需要专业化的操作。

智能穿戴潮流下的腕表未来

谷歌和苹果相继推出智能手表，引发了消费者的广泛关注，世界其他电子制造商也纷纷涉足其间，一场智能手表和眼镜的革命必将到来。传统手表品牌面对冲击只有两条路可以选择，要么坚持手工精神，让产品极致艺术化；要么参与其中，比如 LV 旗下的手表 TAG 品牌即将推出智能手表。

海昌

对待新想法和新事物应多一些宽容

当初的离经叛道或与传统和经验的格格不入，以及由此给我们造成的不舒服、不适应，都会随着时间轴线的延长而变得理所当然，甚至感觉本该如此。埃菲尔铁塔刚建成时，莫泊桑等巴黎文化名流联名抵制。而现在，当年被他们痛批为"丑陋的铁家伙"早已成为巴黎乃至法国的标志。

平台机会渐少，垂直机会增加

经过十多年互联网潮的大浪淘沙，活下来的基本都是平台商大佬，马太效应已经很明显，强者愈强，弱者愈弱，电商的江湖非一般人可以涉足了。但垂直电商、某一细分市场某一细分人群、个性化服务仍然有机会，核心策略和传统行业一样：强化品牌塑造和提升购物体验。

强生 SUREVUE®

强生

假如特斯拉被黑会如何？

如果特斯拉被黑，就可能在高速公路上突然停车，或者反向而行；或者故意撞向行人、车辆或驶出车道，造成严重事故。在万物互联的大趋势下，相连硬件的程序一旦被修改或被控制，造成的损失将无法估量，所以安全变得异常重要，这也正是提供网络安全服务企业的机会所在，它们之中有望产生下一个阿里巴巴。

三一重工如何保持高利润率？

三一重工在形势一片大好的情形下提出了年产值 3000 亿的目标，近两年受整体经济下滑影响，尽管业绩增长乏力，但仍创造了远高于行业平均利润率的利润。据报道这主要归功于战略的调整：开辟国际市场分散单一市场风险，优化内部管理挖掘潜能，通过国际并购获得先进制造技术及经验。

全能

商业融入文化，百试不爽

皇家驿站精品酒店将中国传统文化元素融入每个细节，形成"很中国"的价值标签。它在表现传统文化时有两个层面：一是视觉上的呈现，比如没有房间号只有皇帝名，房间挂皇帝的画像等；二是行为上的表现，比如提供热毛巾、热茶，房间电话前三分钟免费以方便客人向家人报平安。

持续专注才能锻造核心竞争力

受资本逐利的驱动，很多主营业务非房地产的企业纷纷进入这一市场，但都是抱着投机心理，既缺乏对房地产深入研究的兴趣，又不会潜心打造专业的团队，一点一滴扎实做好基础工作，从而缺乏真正的赢利能力。楼市回归理性之后，舞台只能留给专业选手，他们只得纷纷放弃这部分业务。

华荣集团

借势

当 iPhone 6 Plus 被曝容易折弯之后，黑莓表示可以试试弯一下它的新款手机；三星 Note 3 也来折弯试验，结果手上青筋直冒也还是"直机"；LG 说"我们不玩折弯游戏，柔性屏幕本来就是弯的"；连雀巢也来凑热闹，旗下一品牌巧克力说"我们才不会像某些手机一样一掰就弯，因为我们是酥脆的巧克力棒"。

恒大大跃进的步子可以慢一点儿

恒大以旋风速度推出恒大冰泉，20 天砸 13 亿广告集中轰炸，随后推出恒大粮油，近日又宣布进军光伏产业，霸气出击极似当年赶英超美的狂想。在地产江河日下之际，恒大转型无可厚非，只是一切都要做好准备，有机农业和光伏产业是朝阳行业，但阳光也是一点点照进窗户来的。

绿城集团

找对手过招

恒大冰泉广告走的是找行业大佬过招的套路，"不是所有大自然的水都是好水"，"我们搬运的不是地表水"都是针对农夫山泉"我们不生产水，我们只是大自然的搬运工"，这样与同行老牌和大牌叫板很直接，套用现在流行话是"简单粗暴"，高预算广告的豪迈手法之下销售效果也并不一定真的好。

万科集团

 ———— 1985

2003 ———— *lenovo* 联想

Lenovo ———— NEW LOGO

Lenovo

联想

联想集团是 1984 年中科院计算所投资 20 万元人民币，由 11 名科技人员创办，是一家在信息产业内多元化发展的大型企业集团，富有创新性的国际化的科技公司。从 1996 年开始，联想电脑销量一直位居中国国内市场首位；2004 年，联想集团收购 IBM PC（Personal Computer，个人电脑）事业部；2013 年，联想电脑销售量升居世界第一，成为全球最大的 PC 生产厂商。2014 年 10 月，联想集团宣布该公司已经完成对摩托罗拉移动的收购。

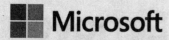

微软

微软（Microsoft），是一家总部位于美国的跨国科技公司，是世界 PC（Personal Computer，个人计算机）机软件开发的先导，由比尔·盖茨与保罗·艾伦创办于 1975 年，公司总部设立在华盛顿州的雷德蒙德市（Redmond，邻近西雅图）。以研发、制造、授权和提供广泛的电脑软件服务业务为主。

最为著名和畅销的产品为 Microsoft Windows 操作系统和 Microsoft Office 系列软件，目前是全球最大的电脑软件提供商。

1975-1979

1980-1981

1982-1986

1987-2012

NEW LOGO

关心得芳心，痛点变爽点

传统航模需要操控者大量的时间学习和训练后才能飞得比较安全。尽管价格不贵，但操控难成了拦路虎，这导致了这个行业一直不温不火。

新一代智能无人机，采用智能化的飞控系统，可在室内室外自由悬停，即便中途信号丢失或者电池即将耗尽，都可以自动返航。这样一来，操控者看了说明书，不需师傅马上就可以飞。同时，加装高清甚至 4K 摄像机的无人机，就变成了航拍利器，让原本耗资巨大审批复杂的航拍，变得异常简单。以前一次航拍的费用，就可以买几架无人机。

痛点是现在流行的一个术语——问题即机会。消费者在消费过程中有不满意的地方，就是新产品诞生或新商业模式诞生的地方。你解决了消费者的痛点，自己自然会有一片蔚蓝的天空。

　　中小企业没钱做广告，产品难以推销，阿里巴巴诞生了；个人开传统的小店成本过高，淘宝诞生了；淘宝出现大概率的假冒伪劣产品，天猫诞生了；网购因为信任问题难以快速发展，支付宝诞生了。乘客打车难，的士空驶率高，滴滴、快的诞生了。

　　一位职业生涯非常成功的智者在分享人生体会时说，他的成功得益于任何时候都让与他在一起的人感到舒服。在人生的各个场景，要做到这一点需要足够的尊重和包容，更有发自内心的关怀。

　　品牌也如此，透过产品卓越的性能和让人感动的服务让消费者舒服了，不想成功都难。获得成功的产品，无一例外都是让人觉得比被替代的产品看起来更舒服，或用起来更舒服。而这个舒服感，一定贯穿产品外观、性能、店铺（包括网店）的设计、售前及售后服务等与消费者相连接的所有接触点。

品牌没有忠诚，更好用才是王道

如果品牌真有忠诚，那么曾经红极一时的大品牌就不会衰落。追求更好用是消费者本性，满足这一本性，不断制造新鲜感和惊喜，才能拴住用户。我们希望消费者对品牌忠诚，产品必须不断进化和成长，有更好的外观和更好的性能，套用流行的话就是要有更好的"用户体验"。

品牌一旦衰落，更好用也没用

诺基亚曾是键盘手机时代当之无愧的王者，但随着智能手机的冲击衰落了，据说它的新款智手机很好用，但销量却很难再上去。很多过气明星比当红明星更帅更酷，但谁又有兴趣呢？所以，做品牌决不能掉以轻心，一旦失宠就很难再上位。不要谢幕，不要淡出，要一直让观众保持热度。

亚礼得

"凤凰传奇演唱会是东半球第二好看的演唱会"

这是凤凰传奇为了跨年演唱会发动的一波宣传，除了套用锤子手机"全球第二好用的智能手机"的广告语外，还学习前不久京东、天猫刷墙的招数，推出了一系列农村墙体语图片，"磨刀不误砍柴工，听完凤凰再打工"，"全面开展凤凰传奇新专辑学唱学跳工作"等。

"这一次，做一枚安静的美大妈"

这是"中国爱乐乐团&凤凰传奇作品交响演奏会"的一张海报，设计得很简单，不算有气质，但是广告词写得不一般，不是交响乐的"高大上"路线，而是十足地接地气。互动营销时代，大道理没有市场，空洞说教缺乏吸引力，放下身段，说点温暖人心的话，和大妈做朋友吧。

中国概念

一本书出版的"互联网思维"

互联网思维是一个被热炒得有点烂的概念，但究竟何为互联网思维，没有清晰权威的定义。360 周鸿祎出版了《我的互联网方法论》一书，先在京东众筹平台预售，后在上海和北京举办互联网思维风暴分享会。最后，居然把它做成了公益活动，将收益捐给抗日远征军老兵。

品牌是赢得市场的终极武器

无论是传统行业还是炙手可热的电商，最终赢得消费者认可的还是品牌。综合电商已过了拼资金、拼规模的阶段，总是降价促销不见得长期有效，赢得稳定点击率还是要靠消费者对品牌的信赖。垂直电商向上发展成综合型电商已基本没有空间，唯有做出特色、在众多网站中脱颖而出才有机会。

城市之窗

随处皆可微创新

阿里巴巴上市时把极具历史感的敲钟角色给了八个普通的相关经营者，其中还包括申通的快递员，小小的创新传达了阿里巴巴重视利益相关者和重视创新的企业文化。

变革随时都在发生

以麦当劳为代表的美国快餐业遭遇增长困境，长期以来油炸食品饱受诟病，消费者越来越重视食品健康。在此情形下，相对高端的墨西哥玉米煎饼快餐连锁店因势而上获得较快发展。麦当劳等传统快餐被迫做出手忙脚乱的变革：让顾客可以自己选择面包、配菜及配料等，可以"开创自己的汉堡"。

艾美达

阳澄湖牌值 0.12 元

青壳白肚金毛金爪是正宗阳澄湖大闸蟹的特征，但"智慧无穷"的无良商家在将普通螃蟹整容成大闸蟹后，还能给螃蟹戴上防伪戒指。而一个防伪戒指淘宝上只需 0.12 元就可以买到，导致山寨大闸蟹泛滥。阳澄湖大闸蟹要健康发展，除了借势地理标志外，更重要的要靠企业创建自己的品牌，而不是"阳澄湖"这个共享的区域品牌。

喝红牛能"给你一双翅膀"？

美国某消费者说自己十年连续饮用红牛，但并未长出翅膀；还有消费者认为，自己长期饮用红牛，但体能和反应能力并未提高。红牛的创意遭遇美国佬的认真，被判虚假宣传，同意向美国消费者支付 1300 万美金的赔偿金。品牌诉求功能是走钢丝，在市场成熟监管严格的地方存在高风险。

欧意宝

是技术还是广告?

英特尔在开发者大会上展示了一款响应式裙子,它会随着人的情绪波动而自动改变颜色,应用的技术叫"微控单元",服装上的装置接收人体信号,经过数据处理后在用电子纸做的屏幕上显示出来。这既是很吸引眼球的广告,更是一次高技术的展示。未来的营销,一定是思想和技术的结合。

公众号需要符合简单原则

互联网时代的原则是简单,无论是手机还是电脑、电视,最好都是一健通,不用看厚厚的说明书,使用者拿着就会用。微信公众号的定位不做营销渠道或应调整,因为展示不是目的,销售才是目的,销售转化才能体现最大价值;同时,因公众号后台只能依托第三方开发,也提高了使用门槛。

威廉小镇

自愈的机体

机械性损伤，解决的办法只能是机械性办法，比如更换零件、修补缺损部位等，机械自身不能复原。生物体具有修复功能，条件合适时能够自我修复，全部或部分恢复使用功能。最新的医学技术可以通过电信号激发人体，唤醒自身免疫系统抵御病毒。品牌及企业如要长期良性发展，也应建立修复机制。

"学挖掘机哪家强？中国山东找蓝翔"

忽如一夜春风来，千树万树梨花开。忽然之间，网络上到处都是蓝翔的身影，对此有三个思考：一、作为网络主力军的年轻人追求浅文化消费，兴趣点转移快；二、互联网时代，传播力最强的是C2C和C2B模式；三、即便名气火了，业绩也不一定会提升，也许就只是让人娱乐了一把而已。

佐玛世家

C2C 或 B2C 宣传，冒险的游戏

随着"挖掘机问题"不断发酵，全国民众都知道哪里可以学习挖掘技术，但结果却并不是"中国山东找蓝翔"，因为一同曝光的还有蓝翔鲜为人知的内幕，让原本向往的人望而生畏。无论这一波宣传是蓝翔发起的，还是无意中被放大，如不想有负面影响，只有遵循"打铁还要自身硬"的道理。

大牌广告玩的是感觉

阿玛尼 2014 年纯黑白广告，表现一帅哥一美女的邂逅过程，通篇没有一句对白，地铁、电梯、商场、天桥等场景和他们期望相遇的眼神交替出现，通过蒙太奇的手法剪接在一起，将两人的情感逐渐推向高潮。大品牌玩的是情调，一般品牌宜直接诉求，不能照搬，否则看了半天观众也不知所云。

多喜爱

不伤害就是健康吗？

近些年很多产品都喜欢诉求"健康"，但大多仅是宣传文字而已，至多不会有损健康。如不伤害就算健康的话，那健康的标准也太小了。真正的健康含义是能够起到保健作用，比如汽车诉求健康，没有有害物质是最起码的前提，它的健康概念应是乘客在车里能够获得保健的功效，比如车中能按摩或者吸氧。

混江湖，总得要两把刷子

平板电脑因其便捷性，一问世便风靡世界，但这只是一个中间性品类，生命力很难持久。在功能上不及 PC和手提电脑强大，便携性能又不及智能手机，其衰落的命运不可避免。品类的生命力取决于能否在某方面做到极致，做到无可替代，如产品没有一项功能能拥有比较优势，必将衰落或至消亡。

加州印象

有效的沟通得用对象喜欢的语言

比如招聘，应根据对象不同，语言风格和价值表述也应不同。如准备招聘 90 后的毕业生，必须充分地考虑他们的成长环境和价值取向，应把对话的频道调到和他们一致。品牌营销也一样，必须考虑到目标人群的特点，开发他们喜欢的产品，并且用他们喜欢的语言沟通才会有效。

击中情感，才能赢得胜利

在同品类不同品牌的竞争中，尽管有些品牌可以通过技术革新获得更大的市场份额，取得先发优势，但是市场发展的规律最终还是回到产品同质化。此时，技术及使用功能已经无法成为竞争的有利工具，必须回到以人性情感诉求为核心的品牌较量，比如诉求忧虑健康、梦想虚荣、担心后悔，等等。

左右

个人品牌需要不断地锻造

任何一个个性鲜明、分量十足的个人品牌的建立，除了要有简单清晰的定位外，还需要"日三省吾身"，随时检视自己。扎克伯格说他每天都会问自己，现在做的事情是不是自己能做到的最重要的事情，如果不是他能力所能解决的最重要的事情，那他感觉会很糟，而且觉得是在浪费时间。

兼容性产品往往只是过渡型产品

平板电脑是 PC 和智能手机之间的过渡性产品，油电混合汽车也是燃油汽车和纯电动汽车之间的过渡性产品。电池续航能力弱的混合动力汽车价格便宜但解决了车主担心中途熄火的问题，会在一定阶段受到欢迎。但开发者应清醒地认识到，这只是短暂的过渡，不要因此而造成战略决策错误。

伊丽百兰

让人感觉亲近，演讲就成功了一半

扎克伯格在清华大学发表演讲，开场即是中文，一下子拉近了与听众的距离，更让人想不到的是接下来的全程对话他都用中文。这段演讲视频传到他自己的Facebook 页面，四小时即有 16 万的点击量。他用中文演讲是为了营造亲近感，更重要的是看重中国市场，"讨好"中国消费者。

17 年坚守，自成品牌

一个人的辞职，居然牵动了亿万人的心，这就是新浪网总编辑陈彤离职引发的广泛关注。在跳槽频繁、入行一年就很资深从业人员的互联网行业，一个人能 17 年坚守在一个地方本身就是一道风景。他的离去，也许预示着门户网站式微的开始，但就他个人品牌而言，引用他自己的话："未来，是改变，不是告别。"

七彩人生

二锅头逆袭

牛栏山二锅头在白酒市场普遍下滑的态势下逆市上扬，这与其做足本土文化的战略关系密切。充分利用"中华老字号"和"地理标志保护产品"两张牌，强调品牌与地域文化相融合的属性，将登万里长城、吃北京烤鸭和喝牛栏山二锅头成功链接，外来北京者都应该尝尝"正宗二锅头"，品品"地道北京味"。

有些价格与成本无关

根据成本制定价格，想也不用想就该这么干。但如想做与众不同的品牌，定价的决定因素就不是成本。比如，真功夫的单价比麦当劳贵，并不是他的成本比麦当劳高，而是以此传达"营养还是蒸的好"的品牌价值；博鸿小菜的单价要比同类产品贵一些，也不是因为成本高，而是想借此宣示"我更好"。

客户需要一部好用的手机

手机畅销主要取决于几个要素：好看的外观、消费者感兴趣的品牌文化、过硬的硬件和软件等，这些要素汇集成用户体验。手机厂商曾采用硬件赔钱而预装APP赚钱的模式，现在这一模式正遭遇挑战，过多的预装软件容易导致运行缓慢，用户其实不需要这么多，他们只需一部好用的手机。

"双十一"商标斗骂，电商大战的预演

阿里忽抛一通告，告诉大家"双十一"商标已花落自家，今后各色人等皆不能使用。一下子让正紧锣密鼓为"双十一"准备的商家傻了眼，所有的广告和宣传物料都得修改。在京东、苏宁易购等大佬的抨击下，天猫又发声明，"双十一"是大家的"双十一"，不知道这是被逼无奈还是故意设局。

柏森

— 1934

1935 —

Canon

Canon — 1953

NEW LOGO — **Canon**

Canon

佳能

佳能（Canon），是日本一家全球领先的生产影像与信息产品的综合集团。从 1937 年成立以来，经过多年不懈的努力，佳能已将自己的产品扩展到各个领域。佳能的产品系列共分三大领域：个人产品、办公设备和工业设备，主要产品包括照相机及镜头、数码相机、打印机、复印机、传真机、扫描仪、广播设备、医疗器材及半导体生产设备等。

佳能总部位于日本东京，并在美洲、欧洲、亚洲设有区域性销售总部，在世界各地拥有子公司 200 家，雇员超过 10 万人。

阿迪达斯

德国运动用品制造商。以其
创办人阿道夫·阿迪·达斯
勒（Adolf Adi Dassler） 名
字命名，1920 年在位于纽伦
堡附近的黑措根奥拉赫开始
生产鞋类产品。

1949

1972

NEW LOGO

好玩才好卖，好玩就会买

营销推广，早已过了一本正经布道的年代，王婆卖瓜式的自说自话、自我表扬已经不太有市场，甚至会引来顾客的反感。现在，好玩才是王道。

王老吉和加多宝的官司和论战，你打我骂，一来一往，似乎是演着双簧，偶尔还打着文艺腔调玩悲情，看着也挺有意思。对凉茶的恩怨情仇，大家已经很熟了，还是说说一只日本鸡的成材故事吧。

日本一家饭店推出系列海报，讲述一只土鸡"成为一串葱烧鸡肉"的梦想。怀揣着这样的梦想，土鸡出发了，在去饭店的路上它懊恼道："哎呀，今天早上刚下的蛋也带来就好了。"遇到狗时土鸡下决心："不行，我不能在这种地方被吃掉。"；到这饭店时它说："您好，我是食材，来报到了。"好玩吧？一只鸡被人格化后，还赋予她理想，自然赢得大众青睐。

意大利服装连锁企业贝纳通推出"摒弃仇恨"系列广告，运用高超的 PS 技术，让各国政要相拥亲吻，比如奥巴马与查韦斯，阿巴斯与内塔尼亚胡，也包括基督教皇和伊斯兰教的阿訇，等等，超越民族、种族和国家，简直就是世界大同的宣传画。尽管与服装没一毛钱关系，因为看着好玩，传播力却惊人。

电影《泰囧》表达的是严肃的主题，却用了一个搞笑的故事，设想，如果只是板着脸来讲述中国人当下有点无奈的生活状态，会有观众吗？会引起共鸣吗？会有票房吗？大火的《泰囧》到了北美市场却颗粒无收，就是因为当下中国人的生活，美国人没有切身体会，这样的故事他们不觉得好笑。

从现象寻找背后的逻辑

美国汽车销售不景气，应该花力气检讨汽车设计、质量等问题，也应该和年轻一代展开更有效的沟通；但也不要忘记探究其背后的深层原因：智能手机在家里就能够解决朋友间的沟通；美国人更愿意投资学习；居住模式也从郊区向城区回流。而这些不仅对汽车业，同样对于地产等产业也有重要的启示意义。

有多少人对产品有敬畏之心？

雷军最近谈到凡客时认为，陈年没有很好地坚守品质，没有对产品质量持续怀有敬畏之心。凡客创办之初对品质也很重视，但是随着品类和款式的增多，品质控制水准就下降了。产品代工质量不好，不光是代工厂商的责任，品牌商自己更应负责，因为研发设计都是自己做的，整个过程都要盯紧。

奥华

非爱的咖啡，你会喝吗？

一咖啡店中文名为"啡艾"，与"非爱"谐音，有谁会去一家没有爱的咖啡店喝一杯"非爱"的咖啡呢？店主取这名字，自然花了很多心思，有自己高大上的理由。但品牌名称传达的应是精准的信息，而不能引起歧义，如店主真的想倡导非主流的"非爱"则另当别论。

中国应该与世界这样沟通

在爱丁堡 TED 环球大会上，中国的李世默发表演讲，引起强烈反响。他演讲的内容绝对是东西方一直争吵不休的有关民主政治的问题，但因为他极简洁的 PPT、使用来自西方的数据、客观真实地呈现。略有幽默的技巧和秉承多元政治构建的出发点而获得高度认同。

依诺

美丽说，让男人走开

美丽说是国内知名的女性时尚分享社区，坚持女性分享，拒绝男人参与。美丽说允许男性浏览，但不允许注册，即便通过伪造性别侥幸注册，如果网站通过系统获知非女性身份，必将马上踢除。理论上讲，男性参与可以增加更多的点击量，但美丽说为了打造一个"纯粹"的女性社区，坚持做减法。

买了就别后悔

王中军用三个多亿拍下梵高的《雏菊与罂粟花》，他表示价格不高，如果再高一些也能接受。艺术品不同于普通商品，后者很少转手，即便转手也是折价，但前者不同，它可能随着时间推移反而更加珍贵，因此买家入手后不管买贵与否，都一定会表示物超所值，这既是自我安慰也是为下次出手埋下伏笔。

三棵树漆

我们常忽视商业思想的力量

商业都是由商业思想决定的，思想是内在规律的体现，谁掌握规律谁才会制胜。从大处讲，品牌的成败，根本上是取决于定位和方向选择，即便红极一时叱咤风云、红极一时的品牌也会因误判方向而衰落；从小处讲，一个展厅、一部宣传片，决定成功的不是风格设计，不是制作技术，而是主导的思想。

"双十一" 是狂欢还是透支？

"双十一" 又来了，势头比往年更猛，成交量也更大。有人认为 "双十一" 集中打折，只是让平时准备消费的能量集中在一起完成，对商家并无特别利好。观点看上去似乎正确，但他忽视了集中狂欢背后刺激起的非理性消费，这将大大增加商家的营业额。激起非理性的消费正是营销动作最重要的目的。

多乐士

一把手也是第一推销员

在 APEC 会议期间，铁汉普京赠送给习主席一台俄罗斯智能手机，为本国品牌站台，当起了推销员。前段时间李克强总理出访，也推销中国高铁。一把手就是第一推销员，国家如此，企业也如此，有时直接推销产品，有时推销文化，但其核心目的都是把国家品牌、产品品牌推销出去。

网络让品牌更聚焦而不是更分散

千万不要以为因为网络的便捷，企业应比传统时代更多元化或多产品化，结论刚好相反，网络的透明性让以往因为信息不对称而存在的巨大而多样的商机越来越少，相关的资讯顾客都能轻易获得，同品类产品的竞争必将越来越激烈，如果没有核心专长形成的特色，将被网络大潮淹没。

润成创展

改革，在执行中完善

李宁再一次换帅，曾经让达芙妮扭亏为赢的金珍君黯然离职，他铁腕改革遇到重重阻力，更换高管引发了严重的离职潮导致改革失败。这给我们以启发：一家有生命力的企业，任何时候都要保持开放的文化，拥抱变化，顺应变革。任何新生事物都不完美，需要团队在执行中完善，而不是在怀疑中应付！

大，岂止于大！

iphone 6、iphone 6 Plus 广告邀请姜文姜武两兄弟配音，"本土化了一回"。简短的广告聚在一个"大"字上做文章，"这是有史以来最大的 iphone"，讲尺寸大；"它们能让你看到不一样的世界"，讲摄像功能，"那是大事"；"还能为你的健康出力"，讲的健康服务，"特大的事"，层层递进！

TATA 木门

"大"的时代来临?

在刮起企业"小而美"风潮的同时，手机屏幕却越变越大，连瓷砖也变大了。世界陶瓷风向标的博洛尼亚展会上，大砖厚砖大量出现，板的厚度也大幅增加。面板变大变厚，固然是装备技术提升的结果，更重要的是装饰审美发生变化。大，不是目的，而是能更好地表现设计思想，引领装饰时尚潮流。

平板能让诺基亚复活?

诺基亚新 CEO 拉吉夫·苏里表示，不再制造手机类产品，而是以品牌和专利授权的方式延续品牌价值；但又突然推出平板电脑 N1，让人摸不着头脑。介于 PC 和智能手机之间的平板电脑处境尴尬，与两者相比都无优势可言，诺基亚这是头脑发昏还是潜藏着什么不为人知的高招?

兰卡威

走向世界的中国需要文化品牌

首届世界华文文学大会开幕，具有标志意义，我们还应该设立一个世界性的文学奖项。没有文化同步的经济发展，结果必将是社会的集体浮躁表现；任何大国的崛起会都伴随着文化的兴盛，否则崛起也将是昙花一现，不可持久。社会要健康，需要文化的滋养；世界能认同，得靠文化的浸润。

传统影视深度触网，线上线下优势互补

华谊兄弟迎来阿里、腾讯等大佬注资 36 亿元。一家传统的电影公司与互联网企业深度绑定，目的在于发挥各自的优势。一是大佬们的资金可以助力华谊多拍大片；二是华谊电影及剧本可通过新媒体进行传播；三是可通过淘宝等网络渠道售票；四是网游和网络文学可改编成电影，而电影也可以开发网游和出版图书。

巴那斯

协助单飞的企鹅飞得更好

腾讯致力于打造最成功的创业孵化器，开放多终端，让更多的创业者参与进来，目前已有 500 万创业者。腾讯也频频投资老员工项目，比如我趣旅行网和口袋购物网等。同时，腾讯也向老员工召唤："永远的鹅兄鹅妹，如果你还怀念过去鹅厂的时光，只要填写问卷就能重启回归鹅厂的大门。"

单飞的企鹅去了哪里？

腾讯离职员工自发成立"永远一家人"QQ 群，单飞企鹅和南极圈公司专门为腾讯离职员工提供创业、融资等服务。基于阿里的"前橙会"、百度的"百老汇"等圈层涌现出越来越多的创业公司，如同美国硅谷的 Paypal 黑帮，一批影响世界的公司都诞生于 eBay 收购 Paypal 后离职的员工。

玛士高

一部 Kindle paperwhite 就够了

亚马逊为推广 Kindle 产品，在北京地铁内设置了长达 25 米的书柜，玻璃书橱里堆放着两千余本亚马逊官网里可以买到的畅销书籍。当面对密密麻麻的书籍不知如何选择时，书架上的广告灯箱告诉你，想把这里的书全带走，随时随地享受阅读，"一部 Kindle paperwhite 就够了"。

58 同城的品牌前瞻规划

58 同城推出 58 到家，其商业模式是众多的劳动者与它签约，通过它的 APP 获得订单，其收益全部归劳动者所有，58 到家和用户共同监督服务质量。58 到家作为 58 同城的业务，理应叫 58 同城到家，值得玩味的是，58 同城并未如此设计，背后的逻辑或是 58 到家将作为一个独立品牌运作，与 58 同城并行。

斯伯丁

不自我革命，就被别人革命

曾经被人看不起的网售产品，短短几年涌现出大量品牌；传统线下渠道的品牌，开店降速，甚至频频关店。有趣的是，线上知名品牌往往并非传统大品牌，根本原因或是它们贪恋过去的成功，并没有充分认识到潜在威胁；新创立的线上品牌具有完全的互联网基因，而更契合全新的生态。

将就心态 or 完美主义

公牛为抗电涌插座上市，推出了一系列互动营销活动，主线围绕电涌这个新鲜词，批判大众认为电涌与生活没关系的观点，列举电涌七大罪状，将电器的硬伤化为人的情感内伤，从而警示消费者购买公牛抗电涌插座是明智选择。特别值得一提的是，它只诉求了电涌这个痛点，而不是面面俱到。

申克

品类扩张要搞计划生育

可口可乐以碳酸饮料经营全球市场多年，随着该市场的下滑，逐步推出果汁、矿泉水及高端牛奶品类。那么，可口可乐为什么不搞房地产？聚焦于单品，即便扩张也聚焦于饮品，这与它原有的运营思维、营销体系高度吻合，轻车熟路更易成功。

宝洁再瘦身！

宝洁于今年八月份宣布大规模削减品牌，随后向巴菲特出售了鑫霸王电池业务，又曝出计划出售旗下高端护发品牌威娜（Wella）和博朗及旗下香水业务。宝洁不断瘦身，或许既是对目前业绩表现不佳的应对，也是预见未来商业生态可能发生的变化而做出的反应，未来更有竞争力的是更聚焦、更专注的企业。

碧利斯

1906

1950

 1961

NEW LOGO 3M

3M

3M

3M 公司是世界著名的产品多元化跨国企业。素以勇于创新、产品繁多著称于世，在其百多年历史中开发了 6 万多种高品质产品。百年来，3M 的产品已深入人们的生活，涉及领域包括：工业、化工、电子、电气、通信、交通、汽车、航空、医疗、安全、建筑、文教办公、商业及家庭消费品等各个领域，极大地改变了人们的生活和工作方式。在现代社会中，世界上有 50% 的人每天直接或间接地接触到 3M 公司的产品。

1837

宝洁

创办于 1837 年，是全球最
大的日用消费品公司之一。
公司性质为股份制。公司总
部位于美国俄亥俄州辛辛那
提，全球员工近 110,000 人。
宝洁在日用化学品市场上知
名度相当高，其产品包括洗
发、护发、护肤用品、化妆品、
婴儿护理产品、妇女卫生用
品、医药、食品、饮料、织物、
家居护理、个人清洁用品及
电池等。

2003

NEW LOGO

品牌抓两点，品质和牌子

品牌，拆开来就是"品"与"牌"，没有"品"，哪来的"牌"？个人品牌对于个人的重要性不言自明，但个人品牌究竟如何才能树立，认识不清楚的大有人在。很多人都幻想仅凭一个出格的事件就红遍天下，郭美美小姐阔是摆了，名是出了，结果呢？所有肮脏都曝光于众目睽睽之下，哪还有个人品牌？

台湾的林清玄，被誉为"台湾十大才子"，"当代散文八大家"，自高中始自我要求每天写1000字，服役后每天写2000字，工作后每天写3000字，这一习惯保留至今。由是观之，世间无天才，唯练硬功耳。

专注、聚焦，懂得取舍，去除包装心态，去除一夜成名心态，以甘坐十年冷板凳的坚持，个人品牌自然玉成。

并不精彩的"三果志"

2010年开始火爆的褚橙，带热了2011年的"柳桃"和"潘苹果"，但2012年除了褚橙市场表现优异外，后两者乏善可陈。褚橙的成功绝不仅仅是褚时健的励志感动了大家，他的用心管理造就的高品质才是根本；柳桃和潘苹果仅借助名人效应，没有时间的积淀，只能搭褚橙的便车走一程，但很难走远。

视频广告的创新思路

要看网络视频内容就得忍受片头广告或片中插播的广告，而且这个广告还有越来越长的趋势，这让人越来越讨厌。要改变这种现状，大体有两种思路，一是播出的广告品质要高，让人喜闻乐见；二是创新播放方式，或是将广告变成字幕，或者出现道具或人物时，嫁接相关的产品或服务，润物细无声。

佳得乐

联想不够酷

一粉丝致信柳传志表示联想不够酷。与苹果相比，联想有点土，与时尚不沾边；与小米相比，联想有点老气横秋，就像50岁的大叔。不酷的问题，不只是联想，很多传统企业都有。世界已变，泛娱乐时代真正到来，产品开发、产品营销、品牌塑造，甚至企业管理都要酷了，老一套的说教逐渐没了市场。

搜索引擎也需过滤

据说谷歌即将推出儿童专用搜索引擎、视频和浏览器服务，以利于儿童更健康的成长，起因或许还包括儿童过失购买等行为带来的法律风险。从不过滤信息的谷歌，应该为心智不健全的儿童负责，让他们获得绿色信息，如果好好利用，从娃娃抓起，培养粉丝，更有利于谷歌品牌资产的长期累积。

嘉士柏

打动中国人就要说中国话

营销最忌讳自我感觉良好，不管消费者的理解和认知，只顾自说自话。英国有很多历史文化遗产和优美的自然风光，但中国人知之甚少。英国新近发起一项运动"让整个中国来谈论英国"，号召国人为他们 100 多个地标和名胜取个地道的中文名。"憨豆先生"当然比阿特金森更易让中国人记住。

培养信仰，是品牌的终极目标

百年企业靠信誉，千年企业靠信仰。历史最悠久的品牌非宗教莫属，宗教的生命力在于它传播理念，深入思想掌控人心，最终培养起信徒的信仰。信仰的本质是极度相信，品牌要成为信仰，就要通过极致的产品和超预期的服务，在消费者心中建立起极度的信任，死心塌地，无怨无悔。

蒲公英

白小乐，白乐一场

以江小白引领的时尚小酒，风光了两年，引得各大品牌跟风推出小酒。衡水老白干也坐不住了，姗姗来迟推出了"白小乐"，定位为"快乐派小酒"。老白干（gān）整不好就老是白干（gàn），如没有清晰的价值主张，坚守自己的传统也许是最好的出路。不要变成邯郸学步、东施效颦，新的没得着，老的却丢了。

王健林为董明珠站台

一则商业广告引发热议，王健林和董明珠两位商界巨子共同亮相格力一广告。据说，王健林是友情演出，没有出场费。大佬站台，或为利益诉求（格力与万达本有合作，将来或更深），或英雄惺惺相惜。多年前王石为摩托罗拉和 JEEP 代言，则是双赢。见惯了粉嫩的明星，见一下有底蕴的大佬，挺好。

周大福
CHOW TAI FOOK

周大福

小米风光，它的制造商呢？

曾为苹果和小米代工触控屏的联建科技宣布停产，而与之相对应的却是苹果 iphone 6 的热销和小米坐上中国智能手机占有率第一的现实。联建科技破产有母公司债务拖累的原因，但引发我们深思的是包括富士康在内的代工厂发展模式是否可持续，极大的成本投入却没有拥有终端话语权。

房地产的新常态

王健林表示，中国的房地产进入新常态，有的地方过剩，城镇化还有一定机会，房地产不会崩盘，但也不会像以前那样火爆。未来房地产会和其他商品一样，必须专业化和品牌化经营才行，比如前期要拿对地，精准策划和定位，设计既要合理又要有个性，追求性价比，当然还需要会吆喝和营销。

报喜鸟

专利发力，小米受挫

小米因侵犯爱立信专利致其产品在印度停售。在高科技领域，专利一直是后来者面临的挑战。前些年 VCD 企业赚取的利润远不如为之支付的专利费；手机也一样，爱立信等老牌尽管或消失或转卖，但一直手握专利，坐收专利费。国内品牌既要吸取教训，也要学会保护自己的专利，该维权时得维权。

充电 8 分钟，行驶 1000 公里

电动汽车是汽车的未来，但受制于电池的成本及充电时间等瓶颈而发展缓慢。但情况即将改变，西班牙已研究出石墨烯聚合材料电池，寿命是传统氢电池的 4 倍，锂电池的 2 倍，重量仅为传统电池的 1/2，成本比锂电池便宜 77%，8 分钟充电可行驶 1000 公里。说服力要强就用精确的数字吧。

哈森

董大姐不淡定

董明珠在中国企业领袖年会上直呼美的和小米是"两个骗子在一起了，成小偷集团了"。尽管明知董大姐性格直爽，但一听此言也觉惊讶，如此有影响力的舞台，如此直面的炮轰，着实非同寻常。曾自嘲不会演讲的雷军此次表现出色，显得宽容和淡定，强调小米是开放性平台，心中无敌，便无敌于天下。

围观董雷打嘴仗，思考行业大变革

无论是王健林和马云的赌局，还是董明珠与雷军的嘴仗，都很吸引眼球，既是因为各自都是行业的大佬，更是因为其间折射出传统商业思维与互联网思维在当下的冲突。我们在围观的时候，切莫只做一个只知傻笑的看客，说不定自己很快就会受到冲击。在变革的时代唯有以变应变。

金利来

品牌是持久战，但并不意味着不能逆袭

有观点认为中国汽车品牌一定要从低价开始，通过几代高性价比的产品推动品牌认知，提升品牌价值。欧洲发明汽车，美国普及汽车，日本让汽车便宜，韩国让汽车更便宜，这是过去汽车工业发展的路径。中国汽车工业也是沿着这一路径在走，比韩国汽车价格更低。

中国汽车品牌的机会

根据美日韩汽车发展历史来看，汽车的高端化不太可能一蹴而就。但这是一个巨变的时代，似乎一切皆有可能。中国没有赶上燃油和人工驾驶汽车的黄金时代，没有产生高品质的汽车品牌；但在接下来的自动驾驶汽车和电动汽车时代，中国汽车企业如能真正建立起鼓励创新的工程师文化以及国际化的品牌营销运作体系，完全有可能实现品牌的弯道超车，产生有影响力的世界级汽车品牌。

爵士丹尼

学习大佬的焦虑

360 在特供手机夭折后投资酷派，重拾手机梦。掌门人周鸿祎说他焦虑 PC 的优势正在消失，搜索和手游成为重要的收入来源，非常担心在移动互联时代"被颠覆"。IOT，又将是个新词，Internet of Things，即一切互联化。安卓与手机、汽车、电视、家居等相结合，带来的变革让人无法想象。

滴滴与快的之争的启示

滴滴与快的一诞生，两者的补贴大战就堪称惨烈，随着两者狂飙突进式的攻城略地，它们产生的直接价值非常明显，空车率大大降低，节省了汽油，减少了二氧化碳排放，缓解了城市交通压力等。未来可能产生更大的价值暂不讨论，仅用互联网的方式提升传统产业的低效率，就值得各行各业深思和借鉴。

德尔惠

1888 元 /m³

单价标错了吧？当然没有，不是平方，是立方，这是成都嘉年华打造的青年城 smart 公寓的广告。看惯了硝烟四起的价格大战无底限降价，但从来没有看过 "1" 字开头的价格，着实叫人眼睛一亮。创新并不难，也许只是换个角度看问题。房子能否热销，决定因素有很多，但就吸引眼球来讲，这个广告是成功的。

林州市改名红旗渠市？

林州有意改名为红旗渠市，据说是向原大庸市改名张家界学习，原大庸寂寂无闻，改为张家界后声名鹊起。外地人知道林州的很少，但知道红旗渠的很多。穿行于太行山腰的"人工天河"红旗渠被誉为"世界第八大奇迹"。改名当然好，不过，改名后又能够创造什么样独特的价值才是更重要的。

格妮玛奴

IPO 与女朋友的关系

万达上市之前，掌门人的大公子，也是大名鼎鼎的国民老公王思聪突然冒出来一个女朋友，双方似乎都很认真地承认是恋人关系。现在，财经公关不仅关注财务数据，还很关心家庭亲情，俨然娱乐八卦杂志的风范。这也对，一个靠谱的企业家，总要有靠谱的个人生活。

成龙创造了商界新传奇

波诡云谲的商海不断诞生着毁灭与新生，而有一种传奇叫"成龙代言"。代言小霸王，小霸王倒闭了；代言爱多 VCD，胡志标进去了；代言霸王洗发水，发现致癌物了；代言汾煌可乐，早没踪影了。不是成龙运气不好，而是企业经营思路错误，妄想一番广告狂轰滥炸后，立即炼成吸金的大品牌。

花雨伞

有钱也不能任性

成龙代言品牌失利的原因大致有三方面：一是这些产品缺乏核心竞争力，也缺乏成长性，或本身就是问题产品；二是企业希望品牌速成，不经过春种夏耕，直接到秋天收获；三是缺乏互动营销思维，有钱狂砸广告就是土豪，可是却不一定有人买账。

价值链社会化，加减权衡之道

随着商业竞争的日趋复杂以及商业规模的持续增大，企业面临研发、生产、营销、渠道、物流等环节是自建还是外包的纠结。传统的思维是自建，但往往非核心的环节并不能产生最佳的效率和效果。新的思维是，尽可能外包，极端如张瑞敏，他说世界就是他的研发部，也是他的人力资源部。

阿尔卑斯

无论千变万化，品牌得自己掌控

苹果多年前就砍掉生产线，专注研发设计及营销；戴尔也将工厂卖给鸿海，逐渐向服务商转型；小米则更过分一些，连研发也外包了，只做设计和营销，但它牢牢抓住品牌，通过各种方式与米粉们建立更广泛更感性的沟通。只要市场认你的品牌，谁研发生产有那么重要吗?

电影《采访》"刺杀金正恩"成功了

索尼影业拍摄电影《采访》，有黑客组织发布了一封"警告信"，朝鲜也大为恼火。索尼迫于压力，做出了回应，称院线可以考虑取消放映计划。而奥巴马称取消《采访》上映是"一个错误的决定"。有人撑腰，索尼又壮起胆子发行，鉴于话题敏感，该电影命运必将柳暗花明地逆转，票房不火都不行。

和路雪

柯达做手机，是好主意吗？

柯达经过几轮波折，九死一生，重回公众视线。这次带来的变化是推出智能手机、平板电脑和互联摄像头。本人也许给不了柯达更好的战略建议，但基本可以断言它现在的决策成功概率太小。智能手机和平板电脑等品类，已经非常成熟，而江湖座次也基本排定，如果没有革命性的技术和模式，柯达无法挤走行业巨头而上位。

纯手工，真实的谎言

奢侈品营销时大多会讲欧洲工匠"纯手工打造"的故事，以彰显其精益求精的品牌文化。对此，我们大多盲从，很少质疑，它真是纯手工打造的吗？真是欧洲工匠打造的吗？纯手工打造一定会比精密机器打造更好吗？事实上，很多奢侈品就在中国用机器生产，有些中国技术工人的水平并不比欧洲的差。

東洋の花

东洋之花

抱怨没用，谁叫你没有品牌呢!

隔三岔五，就会曝出"血汗工厂"事件，前不久有苹果代工厂，现又有古驰代工厂。据说中国代工厂工人每天要工作 14 个小时，每个古驰包的出厂价仅为 24 欧元，古驰却以 1000 欧元的价格出售，中国有些工人技术并不比欧洲差。仅能做出好产品，不能塑造出好品牌，又有什么用呢?

我们能解决什么?

百度解决了人与信息的互动，阿里巴巴解决了人与商品的互动，腾讯解决了人与人的互动，微博解决个人与大众的互动，微信解决了朋友之间的互动。接下来的机会在于解决人与物的互动，也许不光是智能控制，而是人与物的平等交互，相关的产品能够自动感知并主动适应人的需要。

威洁士

有了金刚钻，就有瓷器活儿

无论时代如何变化，基本的商业模式只有两种，一是
平台型，一是产品型。传统的商场，现在的阿里、天猫、
京东等都是平台型；其他就是提供具体产品和服务的。
只要认清了这点，就不用惊慌，商业生态再怎么变，
总需要具体的产品和服务。玩不了平台，就聚焦于某
点，做精了还怕啥。

心相印

见证时代

写微博的初衷是抱着学习的态度，希望自己能够随时了解商业资讯，掌握品牌营销方面的新动向，也希望在这一过程中，开阔自己的眼界，加深对相关问题的认识，及时记录下自己的思考和感悟，逼迫自己与时代同步。

自 2011 年下半年开始到现在，已经坚持四年了，原本零敲碎打的记录与思考，却无意间变成了这个时代商业变迁的见证者。几年来，在商业领域特别是在品牌营销领域，一些重要的新思想、新观念、新模式和新做法，都在自己的微博有所体现。

能够见证这个时代，是我的幸运，更为幸运的是，我还能参与其中。这些思考除了对自己服务的企业有所帮助外，更为重要的是，能成本非常低甚至是零成本与大家分享，不受时间和地域的限制，大家随时随地都可以看到。就如我在《品牌营销非常道》一书的序言中所说，如果有一条微博能够打动人，给人以启发，就心满意足了。

本书即为 2014 年自己一年的品牌营销观察和思考，是一年的心得体会。原本打算按照一定的逻辑来架构本书，把零散的微博分门别类汇集在一起，把这些内容分成品牌战略、定位、命名、模式、互动等 14 个篇章，但总觉得不对味，用碎片化时间写作的东西，在事后生拉硬扯到一起，总有拉郎配的感觉，还不如顺其自然，保持原本的面目吧。

用碎片化时间写作的内容适合用碎片化时间阅读，读者不用刻意从第一页看起，随手翻到哪里，就从哪里开始。只要其中一条微博能让读者有所感悟，对工作和生活产生正面和积极的影响就已足够。

本书利用的很多资讯来源于财经期刊和网络媒体，在此，对采写提供这些资讯的作者深表感谢。本书能够出版，也要感谢当代世界出版社的编辑，能够对一本看似杂乱的书籍慧眼有加，从而让本书得以面市。

同时，还要感谢我的团队，他们卓有成效的工作让我能够安心思考和写作，也要感谢广大的读者朋友，是你们的认可，让这本《品牌的战争》面市。

最后，本书中有很多批评的观点，谨向这些被我批评的品牌表达真诚的歉意，但我并没有恶意，只是借此阐述我在品牌营销上的一些观点，希望给这些品牌创造者和读者朋友们有所启发与帮助。

书中每一个观点都是用短文来阐述，且行文也有散文化的手法，如有不妥之处，敬请读者批评指正。

赵崇甫
2016 年 1 月